Musik und Leben

Eine Studie über die Beziehungen zwischen uns und der Musik

Thomas Whitney Surette

Writat

Diese Ausgabe erschien im Jahr 2024

ISBN: 9789359941431

Herausgegeben von
Writat
E-Mail: info@writat.com

Inhalt

EINFÜHRUNG

In den letzten zwanzig oder dreißig Jahren hat es in den Vereinigten Staaten einen enormen Anstieg dessen gegeben, was man als „institutionelle" Musik bezeichnen könnte. Wir haben Opernhäuser gebaut, viele neue Orchester gegründet und in fast allen unseren öffentlichen und privaten Schulen und Hochschulen Musikunterricht eingeführt, so dass ein zufälliger Mensch, der all dies beobachtet und aus prahlerischem Mund hört, wie viele Millionen wir jährlich für Musik ausgeben, und die verschiedenen Summen zu einer Gesamtsumme zusammenzählt, zu dem Schluss kommen könnte, dass wir wirklich ein musikalisches Volk sind.

Aber jemand, der unter die Oberfläche schaut – der darüber nachdenkt, dass wir das, woran wir glauben und das, was wir lieben, tun –, müsste auch eine Summe in der Subtraktion machen; Ich müsste mich fragen, welche Musik es in unserem eigenen Haushalt gibt. Er würde feststellen, dass in unseren Städten und Gemeinden nur ein verschwindend geringer Prozentsatz der Einwohner aus Freude daran singen und dass die Aufgabe, Chorgesellschaften [Seite xii] zusammenzuhalten, so schwierig wie eh und je ist; dass die Musik, an der wir nicht teilnehmen, sondern nur zuhören, die Musik ist, die gedeiht; dass unsere Opernsänger, die bestbezahlten der Welt, jedes Jahr aus dem Ausland zu uns kommen und uns in Sprachen singen, die wir nicht verstehen; Kurz gesagt: Während die Musik floriert, wird viel davon gekauft und nur wenig davon selbst gemacht. Der Abzug liegt auf der Hand. Diese institutionelle Musik ist eine Art Großzügigkeit unseres Wohlstands. Wir sind reich genug, um das Beste zu kaufen, was die Welt zu bieten hat. Wir führen Musik an unseren öffentlichen Schulen ein und zeigen einmal im Jahr – bei der Abschlussfeier – unser Interesse daran. Wir sehen, dass unsere Kinder „Musikunterricht" nehmen und beurteilen das Ergebnis ebenfalls danach, ob sie uns ab und zu ein sehr schönes kleines Stück vorspielen können. Vor allem Männer – allesamt potenzielle Sänger, die *unbedingt singen müssen* – betrachten es als eine leicht verweichlichte oder kaum natürliche und männliche Tätigkeit. Kurz gesagt, Musik ist zu sehr unsere Ablenkung und zu wenig unsere Erlösung.

Und um den Wert unserer musikalischen Aktivitäten richtig einschätzen zu können, müssen wir auch die Qualität der Musik, die wir hören, berücksichtigen. und dies könnte in Bezug auf die Summen , die wir gemacht haben , unsere Zahlen völlig zerstören, weil es ihre grundlegende Bedeutung verändern würde. Denn wenn es schlechte Musik ist, geht es uns umso schlechter, je mehr wir davon hören. Wenn eine Stadt jährlich 30.000 Dollar für schlechte Schulmusik ausgibt, ist sie ein Verlierer in Höhe von etwa 60.000 Dollar. Wenn Ihr Kind beim Klavierspielen mühsam eine mechanische Geschicklichkeit erwirbt (oder sich eine schmerzhafte mechanische Geschicklichkeit aneignet) und fast nichts über Musik lernt, verlieren Sie das Doppelte, was Sie bezahlen, und Ihr Kind zahlt doppelt für sein Leiden. Was man „musikalisch sein" nennt, kann man nicht an jemand anderen oder an etwas anderes weitergeben; Man kann nicht stellvertretend musikalisch sein – durch eine andere Person, durch so viele tausend Dollar, durch Bürgerstolz, durch irgendein anderes der vielen Mittel, die wir einsetzen. Musikalisch zu sein bedeutet nicht unbedingt, Musik zu machen; Es handelt sich vielmehr um einen *Seinszustand*, den jeder Mensch, der hören kann, von Natur aus mehr oder weniger erreichen darf.

, die uns offen stehen. Mein Ziel ist es daher, Wege zur Verbesserung dieser Situation und zur Verwirklichung dieser Möglichkeiten vorzuschlagen. Als notwendige Grundlage für solche Vorschläge muss ich zunächst die Natur der Musik selbst betrachten. Ist sie bloß ein Kitzel des Ohrs? Sind Mozart, Beethoven und Schubert bloße Zuckerllieferanten? Besteht Musik aus einer erstaunlichen Geschicklichkeit bei der Aufführung? Ist sie, wie Whitman sagt, „das, was in Ihnen erwacht, wenn Sie von den Instrumenten daran erinnert werden"? Oder hat sie ein Eigenleben, in sich geschlossen, selbstausdrucksstark und vollständig? Diese Fragen müssen gestellt – und beantwortet – werden, bevor wir eine Methode zur Verbesserung unserer musikalischen Situation formulieren können.

Sie werden nicht gefragt. Wir folgen blind konventionellen Praktiken; wir geben uns kaum die Mühe, die vielen entzückenden Probleme zu ergründen, die uns jedes Hören von Musik stellt; wir lassen uns jedes Mal verwirren, wenn wir ein Orchester spielen hören; Wir machen keinen Schritt vorwärts auf dem Weg zum Verständnis. Beethoven war ein Herz, ein Verstand, ein Wille und eine Vorstellungskraft; Beim Zuhören nehmen wir seine Emotionen auf und kaum etwas anderes. Seine grotesken Ausbrüche bereiten uns ebenso Unbehagen wie ein widersinniges Verhalten. Seine seltsamen, bizarren, unhöflichen und außergewöhnlichen Themen, von denen jedes einzelne perfekt in seinen Plan passt , lassen uns fragen , was er beabsichtigt. Sein Gefühl, das sich immer auf seinen Humor oder seine Rauheit *bezieht , verstehen wir nur für sich.*

Unsere Kinder werden nach Jahren des konventionellen Musikunterrichts endlich zu einem Orchesterkonzert mitgenommen. Ein großer Mann soll zu ihnen sprechen. Er benutzt keine Worte. Was er zu sagen hat, erklingt in einer Myriade von Tönen, mal leise, mal laut, mal schnell, mal langsam. Was das Kind hört, ist das, was man *Musik nennt* , scheinbar eine bloße Abfolge von Tönen, in Wirklichkeit eine Vision dessen, was ein großer Mann von all den inneren Dingen des Lebens gesehen hat, die nur er wirklich sehen kann. Diese Töne sind in perfekter Ordnung angeordnet. Ihre wahre Seele kann sich im besonderen Ton der Oboe oder des Horns verbergen; sie ändern ihre

Bedeutung ein Dutzend Mal in ebenso vielen Augenblicken; dünne Fäden von ihnen ziehen sich durch und durch wie in einem Feennetz. Das Kind staunt. „Ist das Musik?", sagt es. „Ich dachte, Musik wären die schwarzen und weißen Tasten, oder meine Hand richtig zu halten, oder Tonleitern, oder die Tonart F oder G, oder Sonatinen, oder irgendetwas." Niemand hat ihm je erklärt, was Musik wirklich ist. Sie lässt sich nur von ihren feinen, zarten, kindlichen Gefühlen leiten. [Seite xvi] Was sie getan hat, hatte vielleicht so wenig mit Musik zu tun wie Grammatik mit Literatur.

Sowohl das Kind als auch der Erwachsene müssen mit Musik in Berührung kommen; mit rhythmischen Bewegungen in all ihrer herrlichen Vielfalt; mit großen musikalischen Themen und der Verwendung, die Komponisten ihnen geben; mit musikalischen Formen, mit denen Musikstücke zusammenhängen; mit Harmonien in ihren Urzuständen oder in tausend Farbtönen vermischt. Sie müssen lernen, zuzuhören, damit, während sich die Musik entfaltet, in ihnen eine Entfaltung stattfindet, die die genaue Antwort auf die in der Musik ablaufenden Prozesse ist. All dies kann nur durch Absicht erreicht werden.

Ziel dieses Buches ist es, den Leser mit seinen Fähigkeiten zu einem Verständnis der Musikkunst zu führen, das ihm jeden Teil davon verständlich macht. Und da manche Leser vielleicht nur wenig über Musik wissen, versucht dieses Buch auch, die gemeinsamen Grundlagen darzulegen, auf denen alle Kunst beruht, und diejenigen, die sich für andere Künste interessieren, dazu zu verleiten, sich für Musik zu interessieren. Neugier ist ein notwendiges Element der menschlichen Intelligenz.

KAPITEL I
WAS IST MUSIK?

I. Unterscheidung zwischen Musik und anderen Künsten

Um umfassend zu sein, muss jede Erörterung der Kunst der Musik – ihrer Bedeutung für uns selbst, ihrer ästhetischen Qualitäten oder der Lehrmethoden – auf einer klaren Erkenntnis der einen wichtigen Qualität basieren, die ihr innewohnt es, was sie von den anderen Künsten unterscheidet und ihr ihre besondere Kraft verleiht. Malerei und Skulptur sind maßgeblich. Es ist in keinem dieser Medien möglich, ein großartiges Werk ohne ein aus dem Leben entnommenes Thema zu schaffen. denn so einfallsreich das Werk auch sein mag, es muss etwas darstellen. In der Malerei zum Beispiel kann die Seele eines religiösen Glaubens auf der Leinwand hervorscheinen – wie in der Sixtinischen Madonna –, aber dieser Glaube kann dort nicht ohne physische Verkörperung dargestellt werden. Und wenn die physische Verkörperung auf ihre einfachsten Begriffe reduziert wird, wie in einigen Gemälden Manets, besteht immer noch die Notwendigkeit der Darstellung; Manets wundervolles Licht und seine opaleszierende Farbe müssen auf ein Objekt fallen. Turner malt eine mystische Landschaft, ein mythologisches Tal, wie es die Träume von Dichtern heimsucht, aber es ist ihm unmöglich, die Illusion *selbst hervorzurufen* ; Das Tal ist ein Tal, dort sind Menschen. Die Skulptur, die ihre Wirkung durch die Vollkommenheit ihrer Rhythmen um eine Achse und durch ihre Schatten erzielt – Wirkungen der subtilsten und gleichzeitig elementarsten Art –, muss auch darstellen; Die Emotion muss Form und Substanz annehmen, und diese Form muss der äußeren, sichtbaren Welt entnommen werden.

In der Poesie gelten dieselben Einschränkungen. Auch sie muss im menschlichen Leben mit einer gewissen Bestimmtheit umgehen. Aber die größte Poesie kämpft ständig darum, das Gewand der Realität abzustreifen und die Seele von ihren Fesseln zu befreien. Es zittert am Rande der Musik, sucht Worte für das, was nicht gesagt werden kann, und erreicht einen großen Teil seiner Bedeutung durch einen erhabenen Wohlklang. Das Didaktische ist sein Grab.

Bevor ich versuche, die besondere Eigenschaft zu beschreiben, die die Musik auszeichnet, möchte ich klarstellen, was sie nicht kann. Dies lässt sich am besten durch einen Vergleich mit der Poesie verstehen, die von allen Künsten der Musik am nächsten steht, da sie im Element der Zeit existiert, während Malerei und Bildhauerei im Raum existieren. Poesie besteht aus Wörtern, die nach Bedeutung und Klang geordnet sind. Jedes dieser Wörter bezeichnet einen Gegenstand, eine Idee oder ein Gefühl; das Wort „Stuhl" beispielsweise bedeutet heute „ein Gegenstand, auf dem man sitzt“. Während nun Noten in der Musik bestimmte alphabetische Namen erhalten, die eine durch Schallwellen bestimmte Tonhöhe angeben, ist die Verwendung dieser Buchstaben willkürlich und hat keinen Bezug zu ihrer ursprünglichen hieroglyphischen und hieratischen Bedeutung. Der musikalische Ton, den wir beispielsweise *a* nennen , bedeutet als Ton nichts, hat keine allgemeine oder vereinbarte oder archäologische Bedeutung. Kombinieren Sie die Note *a* mit *c* und *e* in dem, was als gemeinsamer Akkord bekannt ist, und Sie haben immer noch keine Bedeutung; Kombinieren Sie *a* mit anderen Noten und bilden Sie daraus eine Melodie, und Sie erhalten vielleicht Schönheit und Kohärenz der Form – eine angenehme Abfolge von Tönen –, aber immer noch keine Bedeutung wie die, die Sie durch die Kombination von Buchstaben in einem Wort wie „Stuhl“ erhalten. Kombinieren Sie *a* mit sehr vielen anderen Noten zu einer Symphonie, und diese Kohärenz und Schönheit kann eine ganz wunderbare Wirkung haben, aber sie bleibt immer noch unübersetzbar in andere Begriffe und ohne eine so eindeutige Bedeutung, wie sie durch die Kombination von Wörtern in Gedichten erreicht wird. Daher sagen wir, dass Noten an sich keine Bedeutung haben; dass musikalische Phrasen keine Bedeutung haben wie Phrasen in der Sprache; dass Melodien keine Sätze und Symphonien keine Gedichte sind.

Wenn wir Musik mit Malerei oder Skulptur vergleichen, finden wir fast den gleichen Kontrast. So wie Musik nichts im Sinne von Worten bedeutet, so hat sie auch kein „Thema“ im Sinne von Turners The Fighting Téméraire oder Donatellos David. Es geht nicht um Objekte. Es kann weder ein Schiff noch einen Stern darstellen. Es scheint zu schweben, es mag für einen Moment aufblitzen, aber es beschreibt oder darlegt nichts. Darüber hinaus kann es streng genommen keine Ideen zum Ausdruck bringen. Es mag so ernst, so geordnet, so ausgeglichen sein – wie bei Bach –, dass wir sagen, sein Komponist sei ein Philosoph gewesen, aber kein Element seiner Philosophie erscheint. Vor allem ist es unmoralisch, [1] und ohne Glauben oder Dogma. Diese negative Eigenschaft der Musik kann kaum genug betont werden, denn gerade in dieser Behinderung liegt ihre größte Tugend. Ich werde später auf die häufige Tendenz unter Zuhörern eingehen, dieses Problem dadurch zu vermeiden, dass sie der Musik, die sie hören, eigene Bedeutungen beimessen. Ich muss nur am Rande anmerken, dass diese sogenannten „Bedeutungen“ selten übereinstimmen und dass die Gewohnheit entweder das Ergebnis von Unkenntnis der wahren Funktion der Musik oder geistiger Mattigkeit ihr gegenüber ist. „Es reicht nicht aus, sich an einem Kunstwerk zu erfreuen“, sagt Joubert; „Du musst es genießen.“

Das eine charakteristische Merkmal der Musik ist nun, dass sie ihre Vollkommenheit in sich selbst findet, ohne Bezug zu anderen Objekten. Sie ist, was sie ist, nur in sich selbst. Sie ist nicht endgültig; sie verwendet keine Symbole für etwas anderes; sie kann nicht in andere Begriffe übersetzt werden. Der Dichter sucht immer nach einer vollständigen Einheit des Gesagten und der Methode, es auszudrücken. Flaubert sucht geduldig und beharrlich nach dem einen Wort, das nicht nur das genaue Symbol seines Gedankens ist, sondern auch zu seinem Wohlklang passt. Der Maler zeichnet seine Objekte so, verteilt seine Farben so und arrangiert seine Komposition so, dass er sie zu plastischen Medien für den Ausdruck seines Gedankens macht, und die Größe seines Bildes hängt in erster Linie und unvermeidlich von seiner Fähigkeit ab, seine Motive mit seiner Technik zu verschmelzen. In der Bildhauerei findet genau der gleiche Prozess statt. Keine dieser Künste kopiert tatsächlich die Natur; jede „arrangiert" sie für ihren eigenen Zweck.

In der Musik ist diese viel gesuchte Einheit von Materie und Art vollständig; das Gesagte und die Art, es zu sagen, sind eins und untrennbar. Es ist, wie Pater sagt, „das Ideal aller Kunst, gerade weil es in der Musik unmöglich ist, die Form von der Substanz oder Materie, das Subjekt vom Ausdruck zu unterscheiden."

II. DIE ELEMENTE DER MUSIK

Das Urelement der Musik ist die Schwingung. Schallwellen in einer geordneten Abfolge – still, bis sie unsere Ohren erreichen – werden durch unseren Einfallsreichtum und unseren Sinn für Ordnung zu Mustern der Schönheit geformt. Sie existieren in der Zeit, nicht im Raum. Sie sind Bewegung. Und diese Schwingungen sind die eigentliche Substanz allen Lebens; der Sterne auf ihren Bahnen, des Pulsschlags des Herzens, der geheimnisvollen Kommunikation zwischen den Nerven und dem Gehirn, des Lichts, der Wärme, der Farbe. Die bildenden Künste sind statisch. Die Malerei hat die Kraft

"geben

Zu einem gesegneten Moment, der der flüchtigen Zeit entrissen wurde

Die angemessene Ruhe der gesegneten Ewigkeit."

Skulptur ist Bewegung, gefangen in einem Moment der Perfektion. Musik ist Bewegung immer in Perfektion. Dieser Rhythmus existiert auch in der Literatur und den anderen Künsten. Ohne sie wäre Poe nichts; Whitman verwendet es in langen, anschwellenden Wellen, die manchmal kaum zu unterscheiden sind; die Komposition in einem großen Gemälde ist ein Rhythmus; Das Apollo Belvedere steht ganz im Zeichen des Rhythmus. Aber in der Musik ist Rhythmus eine physische, sich bewegende Eigenschaft; Rhythmus im Sein, nicht Rhythmus im Gleichgewicht. Die Möglichkeiten des rhythmischen Spiels in der Musik gehen weit über die in der Poesie hinaus, denn in letzterer würde der Sinn oder die Bedeutung durch zu viele rhythmische Komplikationen getrübt. Es wäre beispielsweise in der Poesie unmöglich, das zu tun, was Beethoven zu Beginn eines Satzes in einem seiner Streichquartette [2] tut, wo das Cello ganz allein eine Note fünfzehnmal in zwei rhythmischen Gruppen wiederholt; Es gibt keine Melodie und keine Harmonie – nur einen wiederholten rhythmischen Klang. Auch ist es der Poesie nicht möglich, drei oder vier verschiedene Rhythmen gleichzeitig darzustellen, wie es in der Musik oft der Fall ist; Auch können poetische Rhythmen keine vollständige rhythmische Störung vermitteln, deren gesamter ästhetischer Sinn in ihrer Beziehung zu einem permanenten Rhythmus liegt, den sie vorübergehend verletzt, wie es im ersten Satz von Beethovens Dritter Symphonie der Fall ist. Kurz gesagt, der Rhythmus in der Musik weist eine Vielfalt, Flexibilität und körperliche Kraft auf, die in keiner anderen Kunst ihresgleichen suchen.

Melodie in der Musik besteht aus einer Abfolge einzelner Klänge, die zu einer bestimmten Schönheitslinie gebogen sind. Während Rhythmus ohne jegliche intellektuelle Qualität – als rein physische Manifestation – denkbar ist, setzt Melodie ein gewisses Maß an Design voraus, da sie sich von einem Zeitpunkt zum anderen weiterentwickelt und ohne Design lediglich eine Reihe inkohärenter Klänge wäre. Bei diesem Entwurf spielt der Rhythmus eine führende Rolle, und die Themen mit der vollkommensten Ausgewogenheit der Rhythmen sind am interessantesten. Beispiele für vielfältige, aber hochkoordinierte Melodien finden sich im langsamen Satz von Beethovens Klaviersonate Opus 13 und in Brahms' Klavierquartett Opus 60, deren synthetische Qualität der eines fein konstruierten Satzes gleicht. Als Design ist die Melodie ein bewusster Beweis für die Persönlichkeit ihres Schöpfers. Schubert zum Beispiel ist wie Keats und repräsentiert den Typus der reinen lyrischen Äußerung. Bach hingegen ist im Wesentlichen ein Denker, und seine Melodien sind voller kraftvoller und abwechslungsreicher Rhythmen.

Volkslieder waren der Anfang dessen, was wir „Melodie" nennen, und die besten Beispiele von Volksliedern sind innerhalb ihres kleinen Umfangs genauso perfekt wie die größten Werke der Meister. Ihre Kontur und ihr Rhythmus sind manchmal so fein ausbalanciert wie die Mechanik eines feinen Instruments. Und wenn wir bedenken, dass diese Melodien die spontane Äußerung einfacher, ungebildeter Menschen waren, die sich bei ihrer Entstehung fast ausschließlich auf ihren Instinkt verließen, erkennen wir, wie intim die Musik ein Medium für den Ausdruck von Gefühlen ist. Menschen, die weder lesen noch schreiben konnten und wenig Wissen oder Erfahrung mit künstlerischen Gegenständen hatten, konnten dennoch im Medium des Klangs perfekte Werke von Schönheit schaffen.

Harmonie ist eine Ergänzung zu den anderen beiden Elementen. Es ist in der Musik etwas von dem, was Farbe in der Malerei ist. Im Gegensatz zur langen Melodielinie und den regelmäßigen Taktimpulsen des Rhythmus handelt es sich bei der Harmonie um Massen. Melodie trägt den Geist von einem Punkt zum anderen; Harmonie schlägt gleichzeitig ein und erzeugt ein unmittelbares Gefühl. Seine Wirkung auf uns beruht wahrscheinlich auf einer subtilen physischen Entsprechung in uns selbst zu Klangkombinationen, die direkt der Natur entspringen. Die gesamte Musikgeschichte zeigt eine allmähliche Assimilation neuer Klangkombinationen durch den Menschen, und es ist wahrscheinlich, dass nur die ersten Kapitel dieser Geschichte geschrieben wurden.

Wir haben von der synthetischen Qualität der Melodie gesprochen, und es ist offensichtlich, dass diese Qualität umso wichtiger wird, je größer der Umfang der Musik ist. Wenn ein Komponist eine Sonate oder Symphonie schafft, muss er sein gesamtes Material – Rhythmen, Melodien und Harmonien – so anordnen, dass das Werk vollkommene Kohärenz erhält. Ein im Element der Zeit ausgedrücktes Kunstwerk braucht diese Synthese mehr als ein im Raum ausgedrücktes. Denn obwohl es in der Musik kein „Thema" gibt, entfaltet sich doch Schönheit, und das Bedürfnis nach einem kumulativen und koordinierten Ausdruck davon ist genauso groß, als wenn es in der Musik „um" etwas ginge. Um dieses Ziel zu erreichen, gibt es verschiedene Möglichkeiten, Musikmaterial zu arrangieren. Das Hauptprinzip seiner Synthese ergibt sich aus der flüchtigen Natur des Klangs selbst. Es geht darum, dass keine Reihe von Klängen, die zu einer Melodie geformt werden, die Ersetzung durch andere Reihen lange überleben kann, es sei denn, es erfolgt eine Neuformulierung oder zumindest eine Erinnerung an die erste Reihe. Das Ergebnis davon ist, dass es in der frühen Musik einen Wechsel einer Phrase oder einer Melodie mit einer anderen gab; und darauf folgten wiederum alle möglichen Experimente, die darauf abzielten, Vielfalt in Einheit zu schaffen. (Diese einfachen Formen ähneln in gewisser Weise dem, was in der Poesie als Triolett bekannt ist.) Die in der Musik am häufigsten vorkommende Form ist die Dreierform. Es findet sich in Volksliedern, Märschen, Menuetten, Nocturnen usw. und – in gewaltigem Ausmaß – in symphonischen Sätzen. In Volksliedern besteht diese Form darin, eine erste Phrase nach einer zweiten kontrastierenden zu wiederholen. In Menuetten, Nocturnen, Romanzen und dergleichen ist jeder Teil eine vollständige Melodie für sich. In einem symphonischen Satz enthält der erste Teil – abgesehen von so bemerkenswerten Ausnahmen wie dem ersten Satz der „Eroica" von Beethoven – das gesamte thematische Material, der zweite enthält das, was man die „Entwicklung" des im ersten genannten Materials nennt, und Der dritte Teil wiederholt den ersten mit solchen Änderungen, die ihm neue Bedeutung verleihen sollen.

In dieser synthetischen Qualität liegt ein Großteil der Großartigkeit der symphonischen Musik. Keine andere Qualität, wie schön sie auch sein mag, kann sie ersetzen. Schumann zum Beispiel schuf eine Fülle interessanter und schöner Themen, aber seinen Kompositionen in den größeren Formen fehlt eine vollständige Synthese. Bach war in dieser Hinsicht der größte Meister. Die Anordnung seines Materials ist so perfekt, dass sie jenen Eindruck der Unvermeidlichkeit vermittelt, der alle große Kunst überall auszeichnet. Es ist offensichtlich genug, dass sich in der Literatur Parallelen zu dieser Form finden lassen, denn sie ist ein Teil des Lebens und der Natur. Sie ist Jugend, Männlichkeit und Alter; sie ist Sonnenaufgang, Mittag und Sonnenuntergang; sie ist Frühling, Sommer und Winter. So muss es sein; denn Kunst ist nur Leben in Form von Schönheit, und menschliches Leben ist nur Natur, die sich in Form von Mann und Frau ausdrückt. Das ist also das, was wir Musik nennen: Rhythmus, Melodie und Harmonie, angeordnet in Formen der Schönheit, die in der Zeit existieren. Sie ist ohne Bedeutung, sie ist ohne „Thema", sie ist ohne Idee. Es schafft eine eigene Welt, fiktiv, fabelhaft und irrelevant – eine Welt aus Geräuschen, flüchtig und doch unzerstörbar.

III. DIE BEDEUTUNG DER MUSIK

Musik befasst sich in erster Linie mit Gefühlen oder Emotionen. Aber da Emotionen vom Verstand geleitet und von der Vorstellungskraft übertragen werden können – da Emotionen kein getrennter und isolierter Teil unseres Wesens sind –, kann Musik vom Verstand so geordnet und von der Vorstellungskraft so übertragen werden, dass sie intellektuell und intellektuell wird fantasievoll. Es stimmt zwar, dass der größte Teil der produzierten und aufgeführten Musik nur Emotionen thematisiert, aber das gilt auch für die Literatur. Der populäre Roman besteht zu neun Zehnteln aus Gefühlen, zu einem Zehntel aus Verstand und zum Rest aus Fantasie. So ist es auch mit der Musik, obwohl eine solche unlogische Erfindung, wie sie in vielen populären Romanen ständig vorkommt, in jeder Musik unerträglich wäre. Da zwischen der Aussage, dass Musik keine eindeutige Bedeutung habe, und der Aussage, dass sie intellektuell sei, eine Diskrepanz zu bestehen scheint, wollen wir eine konkrete Illustration heranziehen und sehen, ob wir den scheinbaren Konflikt nicht in Einklang bringen können.

Wir müssen zunächst zwischen der Qualität selbst und dem Ausdruck der Qualität unterscheiden. Ein Mensch kann einen Geist voller Weisheit haben und vollkommen das sein, was wir „intellektuell" nennen, ohne sich jemals durch ein gesprochenes oder geschriebenes Wort auszudrücken. Seine Weisheit existiert für sich und für sich, völlig getrennt von ihrem Ausdruck. Wenn er sich ausdrückt, und zwar mit Geschick, nennen wir diesen Ausdruck Literatur, aber auf jeden Fall bleibt es Weisheit. Und was ist Weisheit? Es ist das, was Herr Eliot eine liberale Ausbildung als „einen Geisteszustand" beschreibt; Es ist die Verschmelzung von Wissen mit Erfahrung, Gefühl und Vorstellungskraft.

Worte sind nun Symbole, deren Wirksamkeit abnimmt, wenn sie versuchen, Gefühle und Vorstellungskraft zu erfassen. Wenn dem Weisen kalt ist, kann er sagen: „Mir ist kalt", aber wenn er Ihnen seine Vorstellung von Gott mitteilen möchte, hat er keine angemessenen Worte dafür, weil er es mit etwas zu tun hat, das nicht nur in den Bereich des Wissens fällt – das er fühlen oder sich vielleicht vorstellen, aber nicht definieren kann. Die Vernunft allein berührt nicht einmal den weit entfernten Kreis jener Vollkommenheit, von der wir glauben, dass sie existiert, und die subtilen inneren Beziehungen zwischen dem Menschen und der sichtbaren und unsichtbaren Welt lassen sich nicht in Worte fassen. Für diese findet er Ausdruck in irgendeiner Form der Schönheit. „Das Schöne", sagt Goethe, „ist eine Offenbarung der geheimen Naturgesetze, die uns ohne diesen Anschein für immer verborgen geblieben wären."

Wir sagen also, dass die Qualitäten, die wir Einsicht, Gefühl und Vorstellungskraft nennen, in der Weisheit ein plastischeres Ausdrucksmittel als die Sprache finden müssen. Und wenn dieses plastische Medium, auch wenn es nicht endgültig ist, die Eigenschaften von Kohärenz, Kontinuität und Form aufweist, die für jeden intellektuellen Ausdruck wesentlich sind, können wir es mit Recht „intellektuell" nennen. Nehmen wir als konkrete Illustration den ersten Satz der Neunten Symphonie von Beethoven. Es ist unmöglich, sich dies nur als Ausdruck eines Gefühls vorzustellen, unberührt von Gedanken oder Vorstellungskraft. Wer es versteht, kommt zwangsläufig zu dem Schluss, dass das Gefühl vollständig vom Geist kontrolliert wird und dass es die Vorstellungskraft ist, die ihm seine außergewöhnliche Wirkung verleiht. Vergleichen Sie es mit dem ersten Satz von Tschaikowskis „Pathétique-Symphonie", in dem die Emotionen toben; Der Unterschied ist so groß wie der zwischen „Victory" und „The Deemster". Vergleichen Sie es mit einer Symphonie von Mendelssohn, und der Kontrast ist so lebendig wie der zwischen einem Roman von Meredith und einem von Miss Braddon. Beethovens Musik enthält in erster Linie Themen, deren Bedeutung jeder vollkommen empfängliche Mensch als tiefgründig empfindet. (Dass diese Themen andere nicht so beeindrucken, liegt entweder an der Schwächung der musikalischen Fähigkeiten, an geistiger Erschöpfung oder an mangelnder Erfahrung mit großartiger Musik.) Diese Themen werden in einer Weise präsentiert, die nicht nur den gesamten Satz völlig kohärent macht , sondern um dem Ganzen das Gefühl zu geben, dass es zu einem unvermeidlichen Abschluss eilt. Ihre Behandlung ist so intensiv, dass fast die gesamten fünfhundert oder mehr Takte aus dem ursprünglichen Thema oder der ursprünglichen These hervorgehen, die etwa fünfzehn Takte lang sind. Es ist so einfallsreich, dass es scheint, als würde es alle zusammenhängenden Dinge im Himmel und auf der Erde in sich vereinen und zu einem Ganzen verschmelzen. Kurz gesagt, wir müssen sagen, dass diese Musik dem Geist eines großen Mannes entspringt, der Emotionen der Kontrolle des Willens unterworfen und die höchste Funktion des Geistes ausgeübt hat, die wir Vorstellungskraft nennen.

Dürfen wir dann nicht sagen, dass dies Weisheit ist? Sollen wir sie leugnen, weil sie nicht Wort für Wort ausgedrückt werden kann? Sollen wir nicht vielmehr sagen, dass Musik ein Mittel ist, die tiefste Weisheit auszudrücken, die sich kategorischem Ausdruck entzieht? Dürfen wir Schopenhauers Ausspruch nicht akzeptieren: „Musik ist ein Abbild des Willens"? Sind wir nicht berechtigt zu behaupten, dass Musik sogar ein Ausdruck der tiefsten Beziehung mit der sichtbaren und unsichtbaren Welt ist, die die menschliche Seele erfahren kann, und dass diese Beziehungen, die in konkreteren Erscheinungsformen unaussprechlich sind, in der Musik ausdrückbar sind? Das Pathos, die Resignation und der Mut im ersten Satz der Neunten Sinfonie von Beethoven sind nicht seins oder Ihrs oder meins; sie sind die Eigenschaften selbst in ihrem unendlichen Sein, wahrer, edler, reiner als seins oder Ihrs oder meins. Dürfen wir dann nicht sogar so weit gehen und sagen, dass die Musik uns die tiefsten Wahrheiten des menschlichen Lebens erzählt; dass „es", wie Symonds sagt, „dabei ist, die höchste Weisheit in einer Sprache zu sprechen, die unsere Vernunft nicht versteht, weil sie älter und tiefer und näher ist als die Vernunft?"

IV. „SCHÖNHEIT IST WAHRHEIT, WAHRHEIT SCHÖNHEIT"

Ich habe bereits dargelegt, dass das Ideal der anderen Künste die Verschmelzung von Subjekt und Ausdruck ist, die in der Musik vollständig ist, und ich habe weiter dargelegt, dass der Zweck oder das Objekt der Musik darin besteht, Emotionen darzustellen, die vom Geist geordnet und geleitet und vom Geist erleuchtet werden Vorstellung. In dieser letzteren Hinsicht sind alle Künste gleich. Es liegt in der Natur ihres Wesens, dass sie danach streben, den Kern des großen Geheimnisses zu finden. Der Zweck von Malerei und Bildhauerei besteht nicht darin, Objekte als Objekte darzustellen, sondern sie in einer harmonischen Perfektion von Linien, Farben und Rhythmen darzustellen, die ihre tiefste Bedeutung offenbaren. Die größten Beispiele der bildenden Künste können nicht durch die Sinneswahrnehmung von Objekten verstanden werden. Rembrandt ist ein größerer Maler als Bougereau, nicht nur, weil er über eine überlegene Technik verfügt, sondern auch, weil er über tiefere Einsichten verfügt. Deshalb ist das „Subjekt" in der Malerei vergleichsweise unwichtig.

Dasselbe gilt für die Literatur. In „Jane Eyre" ist das „Thema" greifbarer und lebendiger als in „Villette", aber letzteres ist das schönere Buch, weil die technische Fertigkeit größer und die Einsicht tiefer ist. „Es gibt keine guten oder schlechten Themen", sagt Hugo; „es gibt nur gute und schlechte

Dichter." Jedes Thema ist interessant, wenn ein Meistergeist es in seiner vollen Bedeutung präsentiert. Ein Zollhaus ist eine prosaische Sache, und ein Zollhaus, das weder Exporte noch Importe hat, sondern nur ein paar schläfrige alte Rentner, die in der Sonne dösen, könnte für einen Schriftsteller als langweiliges Thema gelten; aber Hawthornes Vorstellungskraft und die Feinheit des literarischen Ausdrucks kleiden es mit Schönheit und Bedeutung. Selbst die edelsten und tragischsten Taten finden ihre beste Rechtfertigung in einer erhabenen Harmonie der Schönheit. Die Griechen wussten das gut. Euripides legt in „Die Troerinnen" Hekabe diese Worte in den Mund:

„Hätte Er uns nicht in seiner Hand gelassen und

Unsere Höhen erniedrigten sich und ließen unsere Hügel wie Staub erzittern,

Wir hatten nicht diese Pracht, und unser Unrecht

Eine ewige Musik zum Lied

Der Erde und des Himmels!" [3]

Taten, Denkmäler, Städte und Zivilisationen verschwinden im Nichts, aber ein paar Worte oder ein von einem Künstler komponiertes Stück Musik werden für immer weiterleben. Die Schlacht von Gettysburg wird nur noch ein Abschnitt der Geschichte sein, die Gründe, aus denen sie ausgetragen wurde, werden nichts mehr bedeuten, aber die Worte Lincolns werden für alle Zeiten erhalten bleiben, nicht weil sie weise waren, sondern weil sie weise und schön waren.

Aus diesem Zustand gibt es kein Entrinnen. Gelegentlich hat ein großer Schriftsteller über Schönheit gewettert, nur um schließlich zu beweisen, dass seine eigene Beständigkeit davon abhängt. Carlyle zum Beispiel war bissiger als sonst, wenn er über Poesie sprach. Sein Kommentar zu Brownings „Der Ring und das Buch" lautete wie folgt: „Ein wunderbares Buch, eines der wunderbarsten, die je geschrieben wurden." Ich habe es noch einmal durchgelesen – alles basiert auf einer „Old Bailey"-Geschichte, die man in zehn Zeilen hätte erzählen können und die man einfach vergessen möchte." Doch das Beste an „Sartor Resartus" ist seine Schönheit, und es gibt in „Die Französische Revolution" viele Passagen mit vollkommen perfekter poetischer Bildsprache und Charakterisierung, ohne die es viel von seinem Wert verlieren würde. Was wir „Carlyle" nennen, ist kein Mann mehr; es ist auch keine Philosophie oder Geschichte; Es ist nichts weiter als ein *Stil*, eine Art, Dinge zu sagen – eine individuelle, charakteristische und seltsame

Mischung aus hart und weich, aus hoch und niedrig, aus rau und zart, allesamt mit einem puritanischen Gewissen kämpfend. Deshalb sagen wir, dass Schönheit der Magnet ist, an dem alles Leben geprüft wird.

Kein Spiel kann perfekt gespielt werden, wenn die physischen Bewegungen nicht perfekt aufeinander abgestimmt sind. Keine Maschine wird außer in perfekter Synthese agieren. Kein Charakter ist stark, bis er eine Harmonie in sich selbst erreicht. Schönheit ist die Matrix, in der das Leben letztendlich geformt werden soll.

Alle Formen des künstlerischen Ausdrucks erfordern daher, dass wir das Objekt nicht als Tatsache, sondern als Kunst betrachten. Wenn es sich um eine Tatsache handelt, also nur um ein isoliertes Objekt oder Ereignis, bleibt es unbedeutend, bis ein Künstler es in den größeren Bereich, in den es gehört, einholt und es in irgendeiner Form von Schönheit darstellt. Wenn wir diese Auffassung akzeptieren, dass alle Künste den inneren Sinn der Dinge suchen und das Leben in seinem Wesen und nicht in seinen äußeren Erscheinungsformen darstellen, werden wir in der Lage sein, die besondere Kraft der Musik zu verstehen. Es wird dann nicht nur zu einer Reihe von Klängen, die so arrangiert sind, dass sie wohlklingend und angenehm für das Ohr sind, sondern zu einem Buch des Lebens, das den ultimativen Ausdruck unseres Instinkts und unserer Weisheit enthält. Die Dritte Symphonie von Beethoven zum Beispiel bietet uns eine überzeugendere Darstellung des heroischen Kampfes als man in den anderen Künsten oder in der Literatur findet, erstens weil sie die Kraft hat, ihn im Element der Zeit darzustellen, die eine ist wesentlicher Bestandteil jeder Heldentat; zweitens, weil es es als eine Qualität darstellt, die von einem bestimmten Heldentum losgelöst und daher zu einem Typus erhoben und ewig gemacht wird; und drittens, weil es es in Verbindung mit jenen anderen Eigenschaften präsentiert, ohne die es überhaupt kein Heldentum geben kann. (Denn keine Qualität im Leben und kein Element in der Natur existiert für uns außer als das Gegenteil oder die Umkehrung von etwas anderem. Was wir Licht nennen, ist nur als das Gegenteil von Dunkelheit verständlich; Liebe ist das Gegenteil von Hass, Kälte von Hitze und so weiter .)

Jede der anderen Künste hat eine oder zwei dieser Eigenschaften, keine hat alle. Der Romanautor kann beispielsweise die erste und die letzte verwenden, aber nicht die zweite. Merediths „Vittoria" ist eine ideale Darstellung des Kampfes um die italienische Einheit, aber der Heldenmut, der das Wesen des Buches ausmacht, muss durch echte Personen zum Ausdruck kommen. Die größte Tugend der Musik liegt also nicht nur in ihrer besonderen Vereinigung von Materie und Art, ihrer künstlerischen Vollkommenheit, sondern in der Kraft, die ihr dadurch verliehen wird, eine Welt zu erschaffen, die nicht auf dem Äußeren und Sichtbaren beruht, sondern auf jenem unsichtbaren Reich des Denkens, Fühlens und Strebens, das unsere wirkliche

Welt ist. Denn wenn es eine gewisse historische Tatsache gibt, dann ist es die, dass der Mensch von frühester Zeit bis heute ständig versucht hat, der Realität zu entfliehen, eine perfekte Welt von idealer Schönheit aufzubauen, die seine ewige Unzufriedenheit mit den Unvollkommenheiten und Widersprüchen seines eigenen Lebens stillen sollte. Es liegt in der Natur seiner Situation, dass er irgendwo nach Vollkommenheit sucht. Also hat er versucht, diese Vollkommenheit auf Leinwand zu malen, indem er Leben und Natur zu einer befriedigenden Form der Schönheit idealisierte; oder er hat eine physische Vollkommenheit in Marmor gemeißelt, um sich selbst zu vergöttlichen und sich einen Platz in der Natur zu geben; oder er hat sich eine Welt aus magischen Worten aufgebaut, in der all seine edelsten Träume nach Ausdruck streben. Überall und immer hatte er diesen Traum, der ihn rettete, wenn alles andere versagte. Und die edelsten seiner Träumer waren diejenigen, deren Vorstellungskraft die Grenzen des Wirklichen überwand und es mit dem Unbekannten in Beziehung setzte.

Musik gehorcht den großen Gesetzen, die allem Leben zugrunde liegen und denen alle Künste unterworfen sind, hat als Ausdrucksmittel das plastischste aller Medien, beruht auf intuitiver Wahrnehmung der Wahrheit, ist nicht gezwungen, Objekte zu verewigen, beschäftigt sich mit jenem größeren Teil des menschlichen Wesens, der sowohl unter seinen Taten als auch unter seinen Gedanken verborgen liegt – dem, was Carlyle „die tiefe, unergründliche Domäne des Unbewussten" nennt –, und ist das einzige perfekte Medium für diesen Traum der Menschheit. In ihrem Ausdruck menschlicher Gefühle genießt sie den unschätzbaren Vorteil der völligen Irrelevanz. Sie muss keinen Charakter oder keine Person entwickeln, sondern nur ein Attribut oder eine Eigenschaft. Die „Eroica"-Symphonie zum Beispiel hat die ganze Kraft eines mythologischen Epos, in dem die Helden reine Geistertypen der Menschheit sind, ohne Alter oder Zeit – Götter, wenn man so will, und über menschlichen Beschränkungen stehend.

Das ist die Qualität der Musik, die sie für uns wertvoll macht. Es baut für uns eine *immaterielle* Welt auf – die nicht aus Objekten, Theorien, Dogmen oder Philosophien besteht, sondern aus reinem Geist – ein Mittel, um der Knechtschaft des Alltags zu entkommen.

FUSSNOTEN:

[1] Es kann natürlich mit Formen mit eindeutiger Bedeutung verwendet werden; aber wir sprechen von reiner Musik.

[2] Das Scherzo von Opus 59, Nr. 1.

[3] Übersetzung von Gilbert Murray.

KAPITEL II
MUSIK FÜR KINDER

I. Den Sinn für Schönheit schulen

Bei dem, was ich über Musik für Kinder zu sagen habe, bin ich mir der Vielfalt des amerikanischen Lebens nicht unbewusst und der vorherrschenden Vorstellung, dass Amerikaner der Musik (oder jeder anderen Form von Schönheit) nicht viel Aufmerksamkeit schenken, weil sie in einer neuen Welt leben Land, in dem sie den größten Teil ihrer Energie darauf verwenden, die Natur zu bezwingen und ihr Glück zu machen. Man sagt, dass wir als Nation zu vielfältig sind, um eine eindeutige ästhetische Praxis entwickelt zu haben, und wir halten uns für zu sehr mit den praktischen Dingen im Leben beschäftigt, um ihnen viel Aufmerksamkeit zu schenken.

Es stimmt zwar, dass es zahllose wohlhabende amerikanische Familien gibt, denen die Wörter „Kunst" und „Literatur" überhaupt nichts bedeuten, doch liegt dieser Umstand in den meisten Fällen nicht an Zeitmangel, sondern an mangelnder Neigung. Wir tun, wie andere Menschen auch, was uns gefällt. In der Kindheit wird der Pflege einer Liebe zum Schönen keine wirkliche Aufmerksamkeit geschenkt; in den Bildungseinrichtungen, in denen wir ausgebildet werden, wird ihr nur sehr wenig Aufmerksamkeit geschenkt; daher wachsen wir auf und beginnen das Leben mit einer oberflächlichen Vorliebe für Musik, mit einem deutlichen Mangel an Wertschätzung für Poesie und mit fast keinem Interesse an Malerei oder Bildhauerei.

Und dieser Zustand wird sich mit der Zeit eher verstärken als abschwächen, bis wir, wenn wir endlich Momente der Muße erreicht haben und feststellen, dass weder unser Geld noch irgendein anderer materieller Besitz uns tiefe oder dauerhafte Befriedigung verschafft, uns der Schönheit zuwenden, nur um mit der alten Warnung konfrontiert zu werden: „Zu spät, ihr könnt jetzt nicht eintreten." Denn wir sind an dem Punkt angekommen, an dem, um es mit Merediths Worten auszudrücken, „die Natur innehält und zu uns sagt: ‚Du bist jetzt, was du sein willst.'" Denn diese Fähigkeit, große Bücher, Gemälde und Musik zu verstehen und zu lieben, muss mit unserem eigenen Wachstum wachsen und kann nicht auf eine andere Jahreszeit verschoben werden. Der durchschnittliche Amerikaner hat angeblich keine Zeit für diese Dinge. Er hat Zeit, aber er weigert sich, sie in Muße umzuwandeln – Muße, die Kontemplation und Nachdenklichkeit bedeutet –, obwohl er sehr wahrscheinlich weiß, dass dies immer wieder von Männern erreicht wurde, die sich zu diesem Zweck jeden Tag ein wenig Zeit von einem geschäftigen Leben freigehalten haben.

Man erinnert sich an Darwins rührende Aussage, in der er seine frühe Liebe zu Poesie und Musik und den endgültigen völligen Verlust dieser „Fähigkeiten" durch Vernachlässigung beschreibt. „Der Verlust dieser Neigungen", sagt er, „ist ein Verlust an Glück und kann möglicherweise dem Intellekt schaden, und wahrscheinlicher dem moralischen Charakter, da er den emotionalen Teil unserer Natur schwächt."

Der Intellekt des Menschen ist an sich nie allumfassend oder ausreichend. Gefühl oder Instinkt machen die Hälfte des Wissens aus. „Wer auch nur eine Achtelmeile ohne Mitgefühl geht", sagt Whitman, „geht in sein eigenes Leichentuch gehüllt zu seiner eigenen Beerdigung." Von jedem Menschen, Amerikaner oder sonst jemand, der sein Leben ohne Rücksicht auf alle Schönheit lebt, können wir mit Recht sagen, was Carlyle über Diderot sagte: „Er lebte sein ganzes Leben in einer dünnen Schicht des Bewussten; die tiefe, unergründliche Domäne des Unbewussten, auf der das Andere ruht und seine Bedeutung hat, konnte er sich in keiner Weise vorstellen."

Muss die Erziehung der Kinder zur Schönheit nicht schon bei ihren Eltern beginnen? Müssen sie nicht zumindest zu einer *intellektuellen* Überzeugung von seinem Wert geweckt werden, auch wenn sie dessen Freude vermisst haben? Kann die Angelegenheit getrost der Zuständigkeit der Schulen selbst überlassen werden, deren Lehrpläne bereits mit Methoden überfüllt sind, die genau dieser Sache entgehen? Entspricht die Schule nicht der allgemeinen Vorstellung von der Bildung, die Väter und Mütter der Schulkinder erhalten? Kann man erwarten – ist es überhaupt möglich – weit über diese Vorstellung hinauszugehen? Mein Ziel ist es daher, erstens darauf hinzuweisen, dass die Wahrnehmung von Schönheit im höchsten Sinne Bildung ist; zweitens, dass die Musik besonders deshalb so ist, weil sie die reinste Form der Schönheit ist; und drittens, dass Musik die einzige Form der Schönheit ist, durch die sehr kleine Kinder erzogen werden können, weil sie die einzige Form ist, die ihnen zugänglich ist.

Muss ich darauf hinweisen, dass es in der Menschheitsgeschichte nie eine Zeit gegeben hat, in der die Menschen nicht der Schönheit Tribut gezollt haben? Haben sie sich nicht in ihrem Bemühen, dem so genannten Alltagsstress zu entfliehen und sich über seine schmutzigen Beschränkungen zu erheben, immer und überall eine Art losgelöstes Ideal geschaffen, mit dem sie sich in einer sonst unverständlichen Welt rechtfertigten? Dieses Ideal mag ein Gott aus Stein gewesen sein, aber es stellte für sie eine vollkommene Absolution dar. Umgeben von brutalen Kräften, von denen sie nichts wussten, der Pest, dem Krieg, dem Hunger und der Wut der Elemente ausgesetzt, ohne ihre Körper sicher unterbringen zu können, bauten sie für ihre Seelen ein sicheres Elysium. Dieses Ideal war immer eines der Ordnung und der Schönheit; jede Zivilisation hat es besessen, und für jede Zivilisation war es nicht nur Religion, sondern auch das, was wir „Kunst" nennen.

Ich habe im ersten Kapitel auf jene Qualität der Kunst hingewiesen, die darin besteht, „der Natur einen Spiegel vorzuhalten" und so unsere Aufmerksamkeit zu fokussieren. Browning drückt dies in „Fra Lippo Lippi" aus, wo er sagt:

„Denn, merke es dir nicht, wir sind so geschaffen, dass wir lieben

Erst wenn wir sie gemalt sehen, Dinge, die wir hinter uns gelassen haben

Vielleicht hundertmal, und es war mir egal, ob ich es gemerkt habe."

Doch die höchste Aufgabe der Kunst besteht nicht so sehr darin, unsere Aufmerksamkeit auf schöne Dinge zu lenken, sondern vielmehr darin, uns durch die Kunstfertigkeit des Künstlers zu verstehen zu geben, was die Dinge bedeuten. Der Künstler ist es, der das Leben so darstellt, dass es für uns verständlich wird; er ist es, der all die tieferen Zusammenhänge erkennt, die allen Dingen zugrunde liegen; er, und nur er, kann menschliche Bestrebungen und Handlungen so darstellen, dass sie aus dem Labyrinth herausgehoben und ihnen Ordnung und Ordnung verliehen werden. Inmitten all des Durcheinanders politischer Theorien, Philosophien und Dogmen, auf denen bis zur Verbannung bestanden wird; inmitten der Entdeckungen der Wissenschaft und der Tendenz, das Leben zu einem mechanisch gesteuerten Ding zu machen, erhebt sich immer die leise Stimme des Dichters – er ist der höchste in Weisheit, der höchste in Einsicht, der Seher, der Prophet, der Philosoph; wenn alles andere vorüber ist, bleibt er, denn Schönheit ist das einzig Beständige. Schönheit aus der Bildung zu eliminieren, heißt, ihre Seele zu zerstören.

Vom Gesetz der Schwerkraft bis zu Shelleys „To a Skylark" ist Schönheit das zentrale Element. In der Physik, in der Mathematik, in der Astronomie, in der Chemie gibt es die gleiche Perfektion von Ordnung und Abfolge, das gleiche Kräfteverhältnis, die gleiche Anziehungskraft der Materie, die in den schönen Künsten das hervorbringt, was wir „Malerei" nennen. „Skulptur", „Poesie" und „Musik". Die gesamte Natur ist ein Postulat dieser Lehre, und es gibt kein Fach, das vom Kindergarten bis zur Hochschule gelehrt wird, das nicht in Übereinstimmung mit dieser Lehre gelehrt werden könnte. Es gibt einen Rhythmus der Schönheit in allen belebten und unbelebten Dingen – eine endlose Vielfalt rund um eine zentrale Einheit. Die Individualität in der Natur und im menschlichen Leben ist als rhythmische Vielfalt zu einer göttlichen und zentralen Einheit. Die Blätter eines Ahornbaums sind alle gleich und alle unterschiedlich; Der Unterschied zwischen den mechanischen Künsten und den schönen Künsten ist ein Unterschied der rhythmischen Flexibilität: Man ist in Übereinstimmung mit physikalischen Gesetzen im Rhythmus festgelegt und handelt in perfekter Reihenfolge und Regelmäßigkeit; das andere ist ein freies, individualisiertes rhythmisches Spiel um ein festes Zentrum. Der Maler darf die Objekte auf seiner Leinwand nicht nach Belieben anordnen – die Natur lässt ihm nur eine gewisse Freiheit; Der Bildhauer darf seine Gewichte und Rhythmen nur so weit frei von den Anforderungen der Natur um die Achse verteilen, wie es sein besonderer Zweck rechtfertigt; selbst die Melodie der Musik, die so sehr nach Belieben zu wandern scheint, dass sie oft als „Rhapsodie" bezeichnet wird – auch sie ist lediglich ein Spiel von Rhythmen und Konturen um ein festes Zentrum und entspricht ebenso einem gemeinsamen Zweck ein Ahornblatt tut es. Eine Maschine agiert in mechanischer Synthese, eine Melodie agiert in ästhetischer Synthese; beides ist nicht kostenlos. Wir sagen also, dass es keine isolierte Tatsache, kein isoliertes Thema oder keine isolierte Idee gibt.

So kann alles, was Kindern beigebracht wird, als Schönheit gelehrt werden, und wenn es nicht so gelehrt wird, muss sich sein eigentliches Wesen auflösen und verschwinden. „Die mittlere Entfernung von der Erde zum Mond beträgt etwa zweihundertvierzigtausend Meilen"; „zwei und zwei ergibt vier"; „Eine Insel ist eine Landfläche, die vollständig von Wasser umgeben ist" – so lernt ein Kind seine Lektion über sogenannte Fakten (die trügerischsten und seelenlosesten Dinge der Welt). Für ihn sind „der Mond" und „eine Meile" kaum mehr als Worte; 2 + 2 sind problematische Hieroglyphen; „eine Insel" ist vielleicht nur ein Wort in einem Buch über physische Geographie; aber für Sie sind all diese Objekte und Mengen vielleicht schön; für dich

> „Der Mond tut mit Freude

Schauen Sie sich um, wenn der Himmel kahl ist";

Für euch haben Zahlen jene Bedeutung erlangt, die sie schön macht; Eine Insel hat vielleicht Ihre Fantasie angeregt, ebenso wie die von Conrad, der sie „ein großes Schiff, das im offenen Meer vor Anker liegt" nennt; Sie haben die Schönheit gesehen, die hinter Tatsachen liegt, wenn sie wie mit einem Klick in den Mechanismus der Dinge fallen. So muss den Kindern beigebracht werden, gleich zu Beginn etwas von der großen Einheit zu erkennen, die die Welt des Denkens und der Materie durchdringt. Ihnen muss ein gewisses Verständnis für das wunderbare Gefühl des Zusammenpassens und der perfekten Übereinstimmung vermittelt werden, das die gesamte Natur offenbart und das letztendlich Schönheit ausmacht. Es ist diese Qualität, die jedem Fach innewohnt und die die Rechtfertigung dafür darstellt, dass wir Schönheit als Teil der Bildung beharren.

Mit unseren gegenwärtigen Bildungssystemen wird jede Idealität zerstört, denn diese Idealität ist eine persönliche Eigenschaft, während wir alles, was wir sind, in der Masse sind. „Du versuchst, diesen Jungen zu einem anderen Ich zu machen", sagte Emerson vor etwa fünfzig Jahren; „Eins reicht." Die moderne Bildung, die ständigen Launen unterliegt, ist zu einem weiten Schlund geworden, in den unsere Kinder geworfen werden. Alles für den Gebrauch, nichts für die Schönheit; denn Gebrauch bedeutet Geld, während Schönheit – wozu ist Schönheit gut? – (eine Frage, von der Lowell in einem seiner Aufsätze sagt: „Wäre für die Rose der Tod und würde vom Kohl triumphierend beantwortet werden"). Dies ist in der Tat eine alte These, aber noch nie war ihre Aussage so wichtig wie jetzt. Es gilt überall. Literatur, die als Schönheit gelehrt wird, ist erhebend und erfreulich; Als Syntax gelehrt, ist es tot und freudlos. Alle anderen Unterrichtsformen verlieren ihre Kraft, wenn sie von der poetischen Harmonie, deren Teil sie sind, losgelöst werden. Zahlen, Städte, Maschinen, Symphonien, die Gegenstände auf Ihrem Tisch, Sie selbst – all dies ist als Teil dieser Harmonie zu betrachten, ohne die die Welt Chaos ist.

Amerikanische Kinder sind musikalisch, amerikanische Erwachsene nicht, und der Hauptgrund dafür liegt in den verpassten Möglichkeiten der Kindheit. Wenn der natürliche Geschmack unserer Kinder für Musik richtig entwickelt wäre, würden sie weiterhin Musik machen und Freude daran finden und so den fatalen Fehler vermeiden, *ihren Himmel auf einen anderen Zeitpunkt zu verschieben* – den großen Irrtum des Lebens und der Theologie.

Ich möchte mich hier also mit den Möglichkeiten befassen, die Musik Kindern bietet, und zwar nicht einigen Kindern, die Klavier spielen, sondern allen Kindern, die Liebe und das Verständnis dafür. Es ist offensichtlich wünschenswert, ihnen allen die Liebe zur Musik zu vermitteln, und da nur wenige von ihnen jemals zufriedenstellende Fertigkeiten im Spielen von Instrumenten erreichen, besteht unser Hauptproblem darin, ihren Geschmack zu entwickeln und dadurch ihre Loyalität zu erhalten.

II. DER WERT DES SINGENS

Im ersten Kapitel habe ich die Qualitäten und Eigenschaften von Musik als solcher erörtert – Musik also in ihrer reinen Form, ohne Verbindung zu Worten wie in Liedern oder zu Worten, Handlung, Kostüm und Bühnenbild wie in der Oper. Und wenn man jetzt über Kindermusik schreibt, muss man immer noch im Auge behalten, dass Musik, auch wenn sie mit Worten verbunden ist, die Notwendigkeiten ihrer eigenen Natur zu erfüllen hat und dass die Verwendung passender oder sogar schöner Worte in einem Kinderlied diesen Zustand nicht ändert.

Zu Beginn dieser Diskussion schlage ich vor, zunächst die Auswirkungen dessen, was wir für Kinder befürworten, auf das Leben nach dem Tod zu ignorieren, und ich verwerfe auch (mit einer gewissen Verachtung) die weitverbreitete – in ihrer Art durchaus zutreffende – Vorstellung, dass Musik für sie eine Erholung sei und eine Abwechslung nach belastenden Aufgaben. Denn wir müssen Musik in Bezug auf Kinder so sehen, wie sie wirklich ist. Ich schließe mich dem Psychologen [4] an, der sagt: „… das Hauptziel der musikalischen Bildung … besteht darin, die Gefühle zu schulen, den Kindern ein Gefühl für die Natur, die Religion, das Land, die Heimat, die Pflicht zu vermitteln, … um geistige Gesundheit zu gewährleisten." des Herzens, aus dem die Themen des Lebens kommen"; denn ich sage, dass Musik allein Kindern kein Gefühl für Natur, Religion, Land, Heimat oder Pflicht vermitteln kann und dass diese Gefühle durch die verstärkte Wirkung vertonter Worte und nicht durch die Musik selbst geweckt werden. Das oberste Ziel der Musik – und der anderen Künste – ist Schönheit. Lieder sind keine Geschichten, Melodien haben nichts mit Moral zu tun, und alle Theorien über Musik – wie die von Darwin und Spencer – sind falsch, wenn sie ihr irgendeinen Hinterzweck oder Ursprung zuschreiben. Musik ist ein Zweck, kein Mittel.

Diese Schönheit, nach der sich die menschliche Seele sehnt und die sie sich immer gesehnt hat, kann kleinen Kindern nicht in literarischer Form vermittelt werden, weil sie nicht lesen können oder ihre Wortkenntnisse zu begrenzt sind; auch kann man sie ihnen nicht in Form von Malerei vermitteln, weil sie für Farbschwingungen nicht empfänglich genug sind; auch nicht in Form von Bildhauerei, weil ihr Sinn für Form nicht ausreichend entwickelt ist. Tatsächlich ist ihre Reaktionsfähigkeit in den meisten Bereichen äußerst begrenzt. Sie können weder zeichnen noch malen, schreiben noch lesen, so dass diese Schönheit, die wir so hoch schätzen, ihnen verschlossen scheint. Das wäre ohne Musik der Fall.

Durch Singen, und nur durch Singen, kann ein kleines Kind von fünf Jahren mit einer reinen und vollkommenen Form der Schönheit in Berührung kommen. Nicht nur das, sondern das Kind kann diese Schönheit auch ganz ohne Hilfe reproduzieren, und dabei ist sein ganzes Wesen – Körper, Geist, Herz und Seele – beteiligt. Das Lied ist für den Augenblick das Kind. Es gibt keine vergleichbare Verwirklichung der kleinen Persönlichkeit. Hier, in den Klängen, liegt jene Wechselwirkung der Impulse, in der sich die Sterne bewegen; hier ist die Welt der Ordnung und Schönheit im Kleinen; hier ist ein Mikrokosmos des Lebens; hier ist ein Talisman gegen die kalten, bedeutungslosen Tatsachen, die in die Gehirne der Kinder getrieben werden, um sich in unfreundlicher Kameradschaft gegenseitig zu drängen. Dadurch können sie eine Schönheit und Ordnung spüren, die ihr Geist nicht begreifen kann. Die Freude, die ein Kind beim Reproduzieren schöner Melodien empfindet, ist mit keiner anderen Erfahrung im Leben vergleichbar. Es ist eine absolut persönliche Handlung, denn die Musik passt sich der Individualität des Kindes an wie nichts anderes. In diesem Sinne bewahrt die Musik in Kindern jene Idealität, die zu den wertvollsten Besitztümern der Kindheit gehört und die wir uns auch später gern bewahren möchten; die Liebe zu Blumen und Tieren, die Wahrheit in Märchen, die Überzeugung, dass alles gut ist, und alles Unheimliche verabscheut, die den Mond und die Sterne nicht als Objekte sieht, die viele Millionen Meilen von der Erde entfernt sind, und nicht als Teile eines großen Sonnensystems, sondern als Laternen, die am Himmel hängen.

Das Hauptziel der musikalischen Ausbildung von Kindern besteht also darin, ihr musikalisches Gespür so zu entwickeln, dass sie die beste Musik lieben und verstehen lernen. Wirft dies die Frage auf: „Was ist die beste Musik?“ Mit der „besten“ Musik meine ich genau das, was ich meinen würde, wenn ich das Wort „Musik“ durch „Literatur“ ersetzen würde – ich meine die Kompositionen der großen Meister. Und wenn Sie sagen, dass die großen Meister keine für kleine Kinder geeignete Musik geschrieben haben, antworte ich, dass solche Musik dennoch von allen Rassen *in der Kindheit produziert wurde* , dass sie in Hülle und Fülle existiert, dass sie allgemein als „Volkslied“ bekannt ist, dass sie die Grundlage ist, auf der ein Großteil der großartigsten Musik der Welt beruht, und schließlich, dass sie der natürliche und in der Tat unvermeidliche Weg ist, sich dieser großartigen Musik zu nähern.

Diese Grundlage, auf die ich mich beziehe, ist sowohl real als auch ideell. Viele große Komponisten haben echte Volksmelodien verwendet. Die Choräle in Bachs „Matthäus-Passion“ zum Beispiel basieren auf traditionellen Melodien. In Haydns Instrumentalkompositionen werden Volkslieder oft *wörtlich verwendet* , und die Gesamtzahl dieser Lieder in seinen Werken ist sehr groß. Bemerkenswerte Beispiele finden sich bei Beethoven – wie in den „Rasoumoffsky“-Quartetten und der Siebten Symphonie –, während Schubert, Brahms und Tschaikowski freizügig Volksmelodien verwendeten. Dvořák und Grieg sind in ihrem Idiom und Stil im Wesentlichen national, und man kann sagen, dass Volksmusik die Grundlage ihrer Musik bildet. Im Idealfall ist die Musik dem Volkslied noch mehr verpflichtet. Jedes typische *Adagio* von Beethoven (wie das in der sogenannten „Pathétique Sonata“) entspringt dem Volkslied und spiegelt trotz des langen Entwicklungsprozesses, den die Musik durchlaufen hat, in einer reiferen Form dasselbe Gefühl wider, das man im Original findet. Wie könnte es auch anders sein? Gibt es eine Kunst oder eine andere intellektuelle Aktivität des Menschen, von der man nicht dasselbe sagen könnte? Warfen Keats und Shelley nicht darauf, aus Coleridge und Wordsworth geboren zu werden? Gibt es so etwas wie eine Frucht ohne Rebe, eine Blüte ohne Stiel, ein Ende ohne Anfang? Es hat Komponisten, Dichter und Maler gegeben, die losgelöst vom allgemeinen Bewusstsein gelebt haben – wie jene seltsamen

Organismen in der Natur, die im Meer oder in der Luft schweben und nichts aus dem heimischen Boden der Erde beziehen; aber alle größten Geister waren in der Vergangenheit verwurzelt und haben ihre Inspiration aus der allgemeinen menschlichen Erfahrung bezogen. Unter Berücksichtigung unseres Ziels, den Geschmack von Kindern so zu schulen, dass sie die beste Musik lieben, wollen wir nun untersuchen, was beim Musikunterricht für Kinder tatsächlich geschieht.

III. AKTUELLE LEHRMETHODEN

Der häufigste Irrtum in unserem Unterricht besteht darin, Wissen vor Erfahrung oder Theorie vor Praxis zu stellen. Kindern wird Musik beigebracht, *bevor* sie genügend Erfahrung damit haben. Man bringt ihnen beispielsweise bei, Pappnoten auf ein imaginäres Notensystem zu heften; man sagt ihnen, eine Note sei die Vaternote und eine andere die Mutternote (man nimmt an, die Chromatiker seien jähzornige alte Jungferntanten); man greift auf alle möglichen Ausreden zurück, um ihnen Dinge beizubringen, für die sie noch zu jung sind und die ohnehin keinerlei Bedeutung haben können, es sei denn, sie beruhen auf einem langen Prozess tatsächlicher Erfahrung. Man könnte genauso gut versuchen, ein hungriges Kind mit einem Bild eines Apfels zu sättigen, als einem Kind Noten zu zeigen, bevor es sich mit Tönen auseinandergesetzt hat.

Dies ist also unser großer Irrtum. Man kann nicht erwarten, dass Kinder musikalisch werden, wenn sie mit Symbolen jeglicher Art beginnen. Außerdem kann beim Unterrichten von Liedern ohne Noten die ganze Betonung auf grundlegende Dinge gelegt werden. Welche sind das? Erstens ein Gefühl für Rhythmus. Bei der Entwicklung der Musik kam der Rhythmus vor der Melodie, so wie die Melodie vor der Harmonie kam. Rhythmische Freiheit und Genauigkeit sind nicht nur für die musikalische Erziehung eines Kindes, sondern auch für sein körperliches Wohlbefinden von wesentlicher Bedeutung. Nun ist eines sicher, nämlich dass Freiheit und Genauigkeit im Rhythmus nur durch tatsächliche Körperbewegungen erreicht werden können. (Es ist unnötig, auf den grundlegenden Unterschied zwischen tatsächlicher rhythmischer Bewegung und einem Symbol dafür, wie einer halben oder Viertelnote, einzugehen.) Und der Beginn der musikalischen Ausbildung von Kindern sollte darin bestehen, zu der vom Lehrer gespielten Musik zu marschieren oder in die Hände zu klatschen. Anschließend können die *tatsächlichen Noten* eines einfachen Volksliedes durch Körperbewegungen ausgedrückt werden – wie beim Laufen oder Tanzen – wobei der Hauptpunkt darin besteht, den ganzen Körper einzubeziehen. Die von Dalcroze entwickelten Anfänge der *Eurythmie* dienen diesem Zweck hervorragend, wobei der Takt des Liedes (4/4 oder 3/4) mit den Armen ausgedrückt wird, während gleichzeitig die Rhythmen (oder eigentlichen Noten) durch die Bewegung der Füße bei gleichzeitiger Körperbewegung ausgedrückt werden. Man muss jedoch immer im Auge behalten, dass dieses Training dem Geist und dem ästhetischen Sinn dient und dass die Körperbewegungen dazu dienen, Kindern ein genaues Rhythmusgefühl zu vermitteln. Die Notwendigkeit, immer gute Musik zu verwenden, kann nicht genug betont werden. Darüber hinaus möchte ich die Fallen vermeiden, die überall in Form von Schulen zur *Selbstdarstellung verbreitet werden* , in denen Kindern und Erwachsenen sogenannte „ästhetische" Bewegungen zur Musik beigebracht werden. Ästhetischer Tanz ist eine Sache, eine musikalische Ausbildung eine andere. Der Ruf nach Selbstdarstellung ist charakteristisch für unsere Einstellung zur Bildung. Ein Kind oder ein Erwachsener wird gebeten, sich ein Musikstück anzuhören und dann in Bewegung oder Pose auszudrücken, was *es fühlt* . Undiszipliniert durch Erfahrung, unfähig – wie wir alle – das Geheimnis großer Musik zu ergründen, ungebildet in jenen unveränderlichen Gesetzen, die der gesamten Ästhetik zugrunde liegen – was kann eine solche Person ausdrücken – außer der Eigenart, die sie in diesem Moment ist? So drückt man letztlich eine Beethoven-Sonate oder -Symphonie durch Posen und Bewegungen aus – in griechischer Kleidung, vor einem Vorhang und unter einem Kalziumlicht! Dieses zarte, vergängliche, schwer fassbare und undurchdringliche Ding, das wir Musik nennen, ist mehr als Bewegung; ja, mehr sogar als Bewegung, Melodie und Harmonie zusammen, denn sie sind nur ihr Körper; ihr Geist kann weder ergründet noch ausgedrückt werden, außer in Begriffen ihrer selbst.

Überall wird diese Art von Unterricht praktiziert. Man hört oberflächliche Äußerungen von Laien über Kinderpsychologie, das „zweite" Gehirn und so weiter. Ein Schüler wird gebeten, sich eine Musikphrase anzuhören und dann dem Lehrer zu sagen, was „durchkommt". Wir müssen bedenken, dass Kunst Disziplin ist und dass es keine wirkliche Freiheit gibt, außer unter dem Gesetz. Wir möchten, dass Kinder ihren Verstand richtig einsetzen und ihren Körper beherrschen, aber dieser Einsatz und diese Kontrolle können nur durch gezielte und geregelte Anstrengungen erreicht werden. Wenn wir im Dunkeln tappen, distanziert und trügerisch nach Irrlichtern der Erziehung suchen, werden wir unser Ziel nie erreichen.

IV. WAS SOLLTEN KINDER SINGEN?

Aber selbst diese künstlichen und falschen Methoden sind für Kinder weniger schädlich als die schlechten, faden und falschen Lieder, durch die ihr Geschmack langsam und sicher zerstört wird. Nun ist die Natur der Musik so, dass viele Menschen nicht verstehen können, warum das Lied eines Kindes besser ist als das eines anderen. Es gibt eine beträchtliche Anzahl von Menschen, die mit Kindermusik zu tun haben und scheinbar nicht in der Lage sind, zwischen einem wirklich schönen Volkslied und einer trivialen Kopie eines solchen zu unterscheiden. Der lange Umgang mit letzterem hat das unvermeidliche Ergebnis hervorgebracht. Gegen solche Personen kann nur ein Argument vorgebracht werden, ein Argument, das nichts mit Ästhetik zu tun hat – nämlich, dass die aktuelle Musik für Kinder einer Generation unvermeidlich durch die der nächsten verdrängt wird, während dieselben Volkslieder ständig reproduziert und von immer mehr Generationen von Kindern auf der ganzen Welt gesungen werden. Jeder Musiker kann eine Reihe von Noten in logischer Folge aneinanderreihen, um einen Vers eines einfachen Gedichts zu bilden – fast jeder Musiker hat das getan; jeder Dichter kann einfache und leicht verständliche Verse zusammenstellen; aber die Hand der Zeit fegt sie in die Vergessenheit. Aus den Tiefen einfacher Herzen, in Freude, Trauer oder Not, als Balsam für Mühe und Arbeit, als Schrei aus dem Herzen einer Mutter, im Kampf, in Momenten religiöser Begeisterung – wo und wann immer die Tiefen aufgewühlt werden, entspringt das Lied. Ein Komponist kann nur ausdrücken, was in ihm steckt; seine Grenzen sind so eng wie die jedes anderen Künstlers. Dickens konnte ebenso wenig eine Clara Middleton erschaffen wie Tschaikowski ein Thema wie das am Anfang der Neunten Symphonie; und anzunehmen, dass die Entstehung eines Kinderliedes lediglich eine Frage der Zusammenstellung von Noten in einer korrekten und angenehmen Reihenfolge ist, bedeutet, den gesamten kreativen Prozess falsch zu verstehen.

Es ist unser grundlegender Fehler, dass wir jede Melodie für gut genug halten, die beim ersten Hören attraktiv ist. In den Musikbüchern, die für den Kindergarten und das Singen zu Hause bereitgestellt werden, gibt es eine endlose Reihe dürftiger, fader, übersüßer Melodien, die Kinder, die nach Musik hungern, aus Mangel an besserer Musik gerne singen. Einige dieser Stücke haben unverkennbar den Beigeschmack einer Broadway-Musicalkomödie; Viele von ihnen sind voller rührseliger Gefühle und affektierter Einfachheit. Es können keine wirklichen Fortschritte erzielt werden, solange wir in diesem Punkt keine eindeutigen Schlussfolgerungen ziehen und entsprechend handeln. Unser Geschmack und der unserer Kinder ist niemals stationär – wir entwickeln uns ständig weiter oder gehen zurück – und die subtile Desintegration des Geschmacks von Kindern durch schlechte Lieder führt im späteren Leben unweigerlich zu Gleichgültigkeit gegenüber guter Musik. Hier zweigt die Straße ab; Das eine führt den Weg, den wir nur allzu gut kennen, das andere führt zu einer echten Liebe zur guten Musik, zu einem echten Glück darin und zu einem echten Respekt vor ihr. Lassen Sie mich auch sagen, dass Kinder gute Lieder lieben und dass sie als Teil ihrer natürlichen oder normalen Begabung in dieser Hinsicht und in bemerkenswertem Maße die Qualität besitzen, die wir unhöflich „Geschmack" nennen. (Ich erinnere mich an ein altes ägyptisches Manuskript in der Bodleian Library, das einen Brief enthielt, der so lautete: „Theon an seinen Vater, Theon – Grüße. Es war eine schöne Sache, dass du

mich nicht mit nach Alexandria genommen hast. Schicke mir eine Leier, ich
Ich flehe dich an! Wenn du es nicht tust, werde ich nichts trinken.

Die Zahl der musikalischen Allheilmittel für Kinder ist Legion, und ich habe
keine Lust, sie aufzuzählen. Ihre Wirkungen stehen im umgekehrten
Verhältnis zu ihren umfangreichen und teilweise teuren Utensilien. Aber ich
möchte einen einzelnen Satz aus einem beliebten Liederbuch für Kinder
zitieren, um die Tendenz zu veranschaulichen, die sie repräsentieren: „Da wir
die angeborene Vorliebe von Kindern für reiche Harmonien verstehen,
haben wir der Harmonisierung der Melodien besondere Aufmerksamkeit
geschenkt ; und obwohl es gelegentlich notwendig ist, dass Kinder ohne
Begleitung singen, ist ein solcher Mangel dennoch zu beklagen, da die
Begleitung oft als rhythmischer Ausdruck des Gedankens dient."

Das vorstehende Exemplar ist fast ein Kompendium dessen, was
Kinderlieder und deren Unterricht nicht sein sollten. Wenn Kinder „reiche"
Harmonien mögen, ist das bedauerlich. (Ich glaube nicht, dass das bei einem
durchschnittlichen Kind der Fall ist.) Das Beste für sie wäre in diesem Fall,
eine Zeit lang überhaupt keine Harmonien zu hören, sondern völlig
unbegleitet zu singen (so wie man ihnen Süßigkeiten vorenthalten würde,
wenn …). sie waren durch sie krank geworden); Besonderes Augenmerk wird
auf die Harmonisierung von Kinderliedern gelegt, da eine völlige
Fehleinschätzung ihres Charakters und ihrer Verwendung vorliegt. Denn das
Wesentliche eines Kinderliedes liegt in seiner eigenen rhythmischen und
melodischen Unabhängigkeit, und wenn es für seinen Rhythmus auf eine
Begleitung angewiesen ist, ist es in gewisser Weise ein schlechtes Lied. Es
schadet nicht, ein Volkslied einfach zu begleiten, aber indem man es den
Kindern beibringt, bewirkt eine Begleitung für sie genau das, was wir von
ihnen erwarten, nämlich den Takt und den Rhythmus, die Tonhöhe und die
Kontur korrekt wiederzugeben der Melodie.

Ein solches Training, wie ich es befürwortet habe, weckt, wenn es in der
frühen Kindheit fortgesetzt wird, einen natürlichen Wunsch, weiter zu
singen, und macht das Erlernen des Singens nach Noten viel einfacher, als
es sonst wäre. Die Fähigkeit, Musik vom Blatt zu singen, ist für Kinder eine
wertvolle Errungenschaft, denn sie ermöglicht ihnen, am Chorgesang
teilzunehmen, und bietet ihnen in späteren Jahren eine wunderbare
Möglichkeit, einige der schönsten Musikstücke zu erleben. Der Vorteil dieser
erworbenen Technik für den Einzelnen besteht darin, dass sie des Geistes
und nicht der Muskeln dient; sie verlässt ihren Besitzer nicht, wie die
Fingertechnik den Spieler verlässt, der aufhört zu üben. Mit Freunden
mehrstimmige Lieder zu singen oder einer von mehreren zu sein, die eine
Komposition von Bach oder einem anderen großen Komponisten singen,

bei der jeder Sänger dazu beiträgt, ein edles Kunstwerk wiederzugeben – das ist an sich schon eine sehr wünschenswerte Erfahrung. Aber der Prozess des Erlernens des Singens vom Blatt hat manchmal weit von der wahren Ästhetik weggeführt und zu einer gewissen Herabwürdigung des Geschmacks durch das Singen minderwertiger Musik geführt. Stimmübungen für das Singen vom Blatt sind notwendig, und wir können sie als solche akzeptieren, denn sie erwecken nicht den ästhetischen Sinn; Aber schlechte Lieder, die gelehrt werden, um einen bestimmten technischen Aspekt zu verdeutlichen, sind unnötig und unentschuldbar.

V. Der Irrtum der unausweichlichen Klavierstunde

Aber die Mehrheit der Kinder, die Privatunterricht in Musik erhalten, nehmen Klavierunterricht. Es ist zur Gewohnheit geworden; das Klavier ist ein Möbelstück (und ein sehr hässliches); Klavierspielen ist eine Art Aufpolierung einer oberflächlichen Ausbildung. Der Grund dafür liegt jedoch hauptsächlich darin, dass dies der Weg des geringsten Widerstands ist: Es gibt viele Klavierlehrer, aber nur wenige Musiklehrer, also nehmen die Eltern das, was verfügbar ist.

Hier besteht eine Verwechslung zwischen dem Musizieren und dem Verstehen von Musik. Das Erlernen von Leistung scheint (und ist) ein greifbarer Vorteil – etwas, das definitiv erreicht wurde; Während das bloße Erlernen des Verstehens von Musik für Eltern ein vager Prozess zu sein scheint, der wahrscheinlich eher unbestimmte Ergebnisse haben wird. Sie möchten, dass ihre Kinder greifbare Ergebnisse in Form gut gespielter „Stücke" hervorbringen. Auch hier finden wir das gleiche Missverständnis. Musik ist in diesem Sinne halb Ohrgenuss , halb Fingergymnastik. Ein solcher Musikunterricht besteht darin, die richtige Taste zu finden, schwarz oder weiß, die Hand in der richtigen Position zu halten (patentiert und ausgenutzt als einzig richtige Methode), den Daumen darunter zu legen und schließlich eine fast endlose Reihe von Entwicklungen zu durchlaufen über viele Jahre hinweg und unter furchtbarem Aufwand an Geduld für jeden, der in Hörweite war, indem er mit einer geradezu verblüffenden Vernachlässigung der Geschicklichkeit über die glitzernden Tasten raste. Neun Zehntel der Aspiranten bleiben jedoch auf der Strecke und blicken einige Zeit später grimmig auf einen langen Prozess endloser, fast vergeudeter Stunden zurück. Man stellt sich ein kleines Mädchen von sieben oder acht Jahren vor, das vor dieser schwerfälligen und unheilvollen Masse aus Eisen, Stahl, Holz, Drähten und Hämmern sitzt, die wir „Pianoforte" nennen (sechzig Pfund zarte, zarte Menschlichkeit, durch die sie sich auszudrücken versucht). eine solide Tonne), ihre Beine baumeln unbehaglich im Raum, ihre kleinen Finger versuchen mühsam, die richtige Taste zu finden und gleichzeitig in der richtigen Position zu bleiben, während sie hart darum kämpfen, zwei seltsame Dinge miteinander in Beziehung zu setzen, ein merkwürdiger schwarzer Punkt auf einer Seite und einen Elfenbeinschlüssel zwei Fuß darunter, für beides empfindet sie keine große Zuneigung. Und dann stellt man sich vor, wie dasselbe Kind auf den Knien seiner Mutter oder mit anderen Kindern vor Freude und Freude ein schönes Lied singt.

Ich befürworte nicht die Abschaffung des Klavierunterrichts für Kinder, aber ich befürworte die Ausübung einer gewissen Diskriminierung diesbezüglich, und insbesondere bestehe ich darauf, dass damit erst begonnen werden sollte, wenn das Kind mehrere Jahre lang schöne Lieder gesungen hat und sich entwickelt hat damit seine musikalischen Instinkte — und selbst dann nur, wenn ein Kind über ein gewisses Maß an körperlicher Koordination verfügt, die für das Klavierspielen unbedingt erforderlich ist. Denn Klavierspielen ist keineswegs eine sichere Methode zur Entwicklung des musikalischen Instinkts bei Kindern. Erstens fehlt ihm die Intimität des Singens, und zweitens beansprucht das Spielen selbst den größten Teil der Aufmerksamkeit des Kindes, so dass es die Musik oft kaum hört. Natürlich ist jede Methode des Musikunterrichts falsch, die versucht, die Musik selbst durch technisches Geschick zu ersetzen.

Das Vorstehende ist nicht typisch für den intelligentesten Klavierunterricht, denn es gibt viele Lehrer, die diese Dinge begründen, und es gibt einige Eltern, die sie klar genug sehen, um solchen Lehrern einen angemessenen Spielraum zu lassen. Aber es trifft auf den Klavierunterricht im Allgemeinen zu, wovon zweifellos fast jeder unserer Leser Beweise dafür hatte. Es ist offensichtlich, dass selbst eine geringe Fähigkeit, Klavier zu spielen, nützlich und erfreulich ist, vorausgesetzt, man spielt mit Geschmack und Verständnis, denn es verschafft einem eine gewisse Befriedigung, die bloßes Zuhören nicht verschafft. Ich bedaure nur das Beharren auf dem Spielen als einzigem Zugang zur Musik; Ich bezweifle, dass es sinnvoll ist, Kinder zum Spielen zu zwingen, die dazu nicht qualifiziert sind. und ich denke, das Spielen sollte auf jeden Fall aufgeschoben werden, bis die musikalischen Fähigkeiten durch das Singen geweckt werden.

Es ist zweifellos der konventionelle und häusliche Charakter des Klaviers, der uns dazu veranlasst, unseren Kindern das Spielen darauf und nicht auf der Geige beizubringen. Das Pianoforte steht für lockere Musik, zur Liedbegleitung, für Tanzmusik usw. zur Verfügung. Die Geige ist vielleicht nur für eine Person nützlich. Aber wie viel intimer ist es! Unter das Kinn gesteckt, wird es fast zu einem Teil des Spielers — so wie die Schädel früher für den Autokraten waren, als er rudern ging. Die Töne der Geige gehören *Ihnen* und müssen durch Ihre eigene geduldige Anstrengung hervorgerufen werden; Das Klavier steht glitzernd und abstoßend da, fast undurchdringlich für Ihre Persönlichkeit. Ich möchte, dass Kindern das Spielen der Geige oder des Violoncellos dem Pianoforte vorgezogen wird, und ich freue mich auf die Zeit, in der wir unseren jungen Leuten auch das Spielen anderer

Orchesterinstrumente beibringen werden. Dies wird bereits jetzt in den öffentlichen Schulen erfolgreich umgesetzt. Meine eigene Beobachtung lässt mich glauben, dass die Begabung für das Klavierspielen ziemlich selten ist und dass das durchschnittliche Kind eher in der Lage ist, Geige zu spielen. Was gibt es Schöneres als einen ruhigen Abend mit Kammermusik in einem kleinen Raum, bei dem Jung und Alt gemeinsam spielen? Jeder Mensch hat seine eigene interessante Rolle zu spielen. Jeder drückt sich aus und passt sich gleichzeitig dem *Ensemble an* . Dies wäre wahrer Selbstausdruck unter bester Disziplin.

Es ist vielleicht zu viel erwartet, die Flut schlechter Klaviermusik einzudämmen. Hier, wie auch anderswo, kommt es auf den heimischen Einfluss an. Ist es nicht die Pflicht der Eltern, sich davon zu überzeugen, dass der Musiklehrer seinen Kindern das Beste gibt und nichts anderes? Der Musikunterricht in diesem Land hat enorm gelitten, weil er von den höchsten professionellen Standards abgekoppelt wurde, und andererseits leidet der professionelle Standard unter der Abkoppelung vom gemeinsamen Leben und Denken. Mit anderen Worten: Jeder, der ein wenig Klavier spielt, kann sich als Lehrer einen Namen machen, während gleichzeitig der hochqualifizierte Berufslehrer oft vergisst, dass er es mit einem Menschen zu tun hat, der Musik verstehen will und dessen Glück Der Umgang damit muss letztlich von diesem Verständnis abhängen.

Wenn Kinder eine Begabung für das Klavierspielen zeigen, stellt sich immer noch die wichtige Frage, wie sie ihren Geschmack entwickeln. Das Spielen verliert viel von seinem Wert, wenn es dem Lehrer an Musikgeschmack und Urteilsvermögen mangelt. Wie nachlässig einige Lehrer in dieser Hinsicht sind, zeigt ein Blick auf die Programme der sogenannten „Schülerabende". Es gibt überhaupt keine Entschuldigung dafür, Kindern schlechte Musik zum Spielen zu geben, denn gute Musik gibt es in Hülle und Fülle und man kann ihnen beibringen, sie zu mögen – *aber der Lehrer muss sie auch mögen* . Kinder entdecken schnell, dass sie etwas mögen, und es ist schwierig, in ihnen die Liebe zu etwas zu wecken, das man selbst nicht liebt.

VI. DAS WAHRE ZIEL

Diese Fragen stellen sich nun unweigerlich: „Wie kann Kindern die Musik selbst beigebracht werden?" „Durch welchen Prozess ist es ihnen möglich, musikalisch zu werden?" Offensichtlich durch persönliche Erfahrung und Kontakt mit guter Musik, und zwar nur mit guter Musik, erstens durch das Singen schöner Lieder, um das Gehör zu schulen und den Geschmack zu wecken, zweitens durch das Erlernen, intelligent zuzuhören, und drittens (wenn man dazu qualifiziert ist) durch das Erlernen gute Musik auf einem Instrument spielen. Intelligentes Musikhören ist offensichtlich ein solches Hören, bei dem alle Elemente der Musik selbst vollständig absorbiert werden. Es reicht nicht aus, nur die „Melodie" zu genießen, denn Melodie ist nur ein Ausdrucksmittel. Der Zuhörer muss sich der metrischen und rhythmischen Formen bewusst sein, der Melodien, die im sogenannten „Kontrapunkt" kombiniert werden, der Anordnung der verschiedenen Themen, Harmonien usw., die die Form in der Musik ausmacht. Die Fünfergruppen beispielsweise, die den gesamten zweiten Satz von Tschaikowskis „Pathétique-Symphonie" durchziehen, machen dessen hervorstechende Qualität aus; der stetige, feierliche Schritt im Rhythmus des langsamen Satzes von Beethovens Siebter Symphonie definiert den Charakter dieses Stücks; Die Verflechtung der einzelnen Teile einer Komposition von Bach ist sein wichtigstes Ausdrucksmittel, und seine Musik ist für viele Menschen unverständlich, weil sie nicht in der Lage sind, auf eine so komplexe Sprache einzugehen; Der Spielraum in der Melodie selbst ist ebenfalls sehr groß, und man muss die Melodielinie ständig kennen, bevor man die Schönheit der tieferen Melodien von Bach, Beethoven und Brahms erkennen kann.

Unser Ziel ist es, die Musik zu ergänzen. Wir müssen erkennen, dass ästhetisches Vergnügen keineswegs ausschließlich den Sinnen zu verdanken ist, sondern vielmehr der Vorstellungskraft durch die Schulung der Gefühle und des Geistes entspringt. Wir möchten, dass unsere Zuhörer alle Elemente eines Musikstücks aufnehmen und es dann in der Fantasie nachbilden. Es ist die Aufgabe der Kunst, Schönheit in einer so perfekten Form zu schaffen, dass sie uns zum Nachdenken anregt.

Dieser Grundsatz gilt natürlich für die Wertschätzung jeglicher künstlerischer Objekte. Man kann Whistlers Porträt seiner Mutter nicht allein dadurch würdigen, dass das Motiv wie eine typische viktorianische Dame aussieht, genauso wenig wie man Whitmans „To the Man-of-War-Bird" würdigen kann, wenn man Senegal verortet. Whistlers Idee wird durch Komposition, Zeichnung und Farbe ausgedrückt, und jede dieser Eigenschaften hat ihre eigene Subtilität; Die Haltung der Figur ist an sich schon etwas Schönes; Der gerade an der Wand sichtbare Rand des Bilderrahmens, die Anordnung der Kurven und Punkte auf dem Vorhang, der Farbton der gesamten Leinwand – all das macht das Bild zu dem, was es ist, und all das müssen wir verstehen und uns an ihm erfreuen. Whitmans Gedicht ist eine Sache von Raum und Freiheit; der Himmel ist die Wiege des wilden Vogels, der Mensch ist „ein Fleck, ein Punkt auf der schwebenden Weite der Welt"; Die Vorstellungskraft des Dichters erstreckt sich über das gesamte geschaffene Universum und blitzt über weite Zeitspannen hinweg zurück, als wollte sie den Menschen im Vogel wieder inkarnieren. Also diese Musik, die unser Bewusstsein durch Rhythmen, Melodien und Harmonien, durch Form und Stil, durch die zarte Filigranität von Violinen oder den triumphalen Klang von Hörnern erreicht; der durch Schweigen unaussprechliche Dinge sagt; was nichts bedeutet und doch alles bedeutet, – dieser Ariel der Künste, – dies muss in all seiner Qualität in uns Widerhall finden.

Beobachtung, Unterscheidungsvermögen, Reflexion; das Gedächtnis für musikalische Phrasen und Melodien schulen, die Sinne disziplinieren, den Vorstellungsraum erweitern, den Sinn für Schönheit schulen – das sind die Mittel und Ziele der musikalischen Erziehung von Kindern. Durch einen solchen Prozess erlangen wir in gewissem Maße jene Freude, die eines der Hauptziele der Kunst ist und die uns in unserer gegenwärtigen Situation fast vollständig vorenthalten ist.

Lassen Sie mich also abschließend sagen, dass ich hier gegen Patentrezepte, gegen erzwungenen und freudlosen Musikunterricht, gegen die Entwicklung technischer Fertigkeiten ohne Geschmack oder Verständnis kämpfe. Und dass ich hier für einen Prozess der musikalischen Erziehung eintrete, der „musikalisch zu sein" zum Ziel hat und der jedes Kind, ob Junge oder Mädchen, in seine Mitte aufnimmt und es dort als Mann und Frau behält.

FUSSNOTE:

[4] G. Stanley Hall.

KAPITEL III
ÖFFENTLICHE SCHULMUSIK

I. IDEALE DER ÖFFENTLICHEN SCHULBILDUNG

Es ist bezeichnend für unsere Nachgiebigkeit in Bildungsfragen, dass wir in den letzten Jahren ein Fach nach dem anderen in den Lehrplan unserer öffentlichen Schulen aufgenommen haben und freudig Geld dafür gestimmt haben, ohne eine große Vorstellung von ihrem Wert oder den Ergebnissen zu haben, die durch ihre Einführung erreicht werden. Bildung ist unser Schibboleth, unsere Formel. Das Schuldiplom und der Hochschulabschluss sind unsere neue Taufe der Konformität. Wir stellen ihre Autorität oder ihre Wirksamkeit nicht in Frage. Sie sprechen uns frei. Unsere öffentlichen Schulen sind zu Versuchsstationen für die Prüfung von Theorien geworden, bis die Forderung nach immer mehr Spezialisierung zu einer Überfüllung der Lehrpläne und einer daraus resultierenden Oberflächlichkeit des Unterrichts geführt hat. „Dass ein Mensch, der des Wissens fähig ist, unwissend stirbt, nenne ich eine Tragödie", sagt Carlyle. Aber es gibt eine noch größere Tragödie, nämlich dass unsere Fähigkeit zum Wissen durch irrelevante Informationen so überlastet werden kann, dass sie für uns wertlos werden. Wir studieren alles und wissen nichts. Unsere Schulen verlieren den Bezug zur Realität des Lebens, weil wir so eifrig versuchen, den Anschein dieser Realität zu erwecken.

Unser Ziel ist auf jeden Fall praktisch. Wir erwarten von Bildung, dass Jungen und Mädchen in die Lage versetzt werden, die alltäglichen Angelegenheiten des Lebens erfolgreich zu meistern, wir missbilligen alles, was nach Unpraktikabilität riecht, und wir misstrauen dem Wort „Schönheit" instinktiv. Wir sind wie Mime, der dachte, der Mut liege im Schwert selbst. Auch wir haben die Teile der zerbrochenen Klinge, und sie sind für uns genauso nutzlos wie für ihn. Welchen Nutzen haben all diese Informationen, die wir uns so langsam und mühsam aneignen? Lässt es sich im Mime-Stil zusammenstellen? Oder gibt es etwas, das es verschmelzen kann? Hat nicht alles eine gemeinsame Quelle, und liegt diese Quelle nicht in der Natur? „Jedes Objekt hat seine Wurzeln in der zentralen Natur und kann uns präsentiert werden, um die Welt darzustellen." Diese Einheit der Dinge, auf die sich Emerson bezieht, gibt allen Objekten, Personen und Ideen Ordnung und Reihenfolge; sie werden bedeutsam und wirksam, denn wir sehen sie so, wie sie wirklich sind. Man kann niemanden als gebildet bezeichnen, der die Einheit aller Materie, aller Gedanken, aller Empfindungen nicht begreift – diese Harmonie in den Dingen, die ein Staubkorn und einen Stern, das Individuum und den Kosmos in Beziehung bringt. Das, wovor wir uns in der Bildung am meisten fürchten, ist das, was alle anderen trübt – nämlich Schönheit. Denn Schönheit bedeutet in der Bildung wie in allem anderen

Reihenfolge, Ordnung und Harmonie; Schönheit setzt Dinge miteinander in Beziehung, multipliziert Arithmetik mit Geographie, Objekte mit Geräuschen, Handlungen mit Gefühlen. Wenn es eine Welt mit einem einzigen Menschen gäbe, und zwar nur einem, wäre seine süßeste, sanfteste und zwangsläufig vollkommenste Handlung, in das Muttermeer zu springen und sich wieder der Natur anzuschließen. Eine isolierte Tatsache oder eine nicht zusammenhängende Information unterscheidet sich in dieser Hinsicht vom Menschen nur dadurch, dass sie nie gelebt hat.

Wir bekennen uns nur mit Lippenbekenntnissen zur Schönheit. Wir studieren Poesie, aber wir beschäftigen uns hauptsächlich mit Dichtern – mit ihrer Geburt und ihrem Sterben, mit ihrer Hülle, während der Dichter nur aufgrund der Schönheit wertvoll ist, die er uns bringt. Wir versuchen sogar, Moralvorstellungen aus ihm herauszupressen oder in ihm Verhaltensregeln, Philosophien und dergleichen zu finden, und vergessen dabei Swinburnes schönes Zitat: „Es gibt genug Kanzeln für alle Prosaprediger; die Aufgabe des Verfassens von Versen besteht kaum darin, Überzeugungen auszudrücken; und wenn sich einige Gedichte, die in ihrer Art nicht ohne Verdienst sind, manchmal mit dogmatischer Moral befasst haben, sind sie umso schlechter und schwächer.“ Eines der Hauptziele des Studiums der englischen Sprache sollte es sein, dem Studenten eine Liebe zur englischen Poesie einzuflößen. Aber wir haben Angst davor; wir misstrauen ihr oder wir halten sie für weibisch. (Es bedeutet nichts, dass wir jetzt „freie Verse“ loben, denn uns interessiert nur die erste Hälfte des Begriffs, und die ist auf Poesie nicht anwendbar, da kein Vers, der es wert wäre, ihn zu haben, jemals frei war oder sein kann. Wir knabbern daran.)

Aber Poesie drückt sich zumindest in Worten aus, und Wörter können interpunktiert, buchstabiert, analysiert und gescannt werden, und vor allem liefern Wörter Material für Untersuchungen. All das kann man mit der Musik nicht machen, denn sie besteht nur aus Klängen, die nichts bedeuten, was irgendjemand herausfinden kann. Wir erlauben der Musik, in eine Ecke unseres Bildungsraums einzudringen, und dann schlagen wir ihr die Tür zu und lassen sie dort bis Juni, wenn wir erwarten, dass sie mit Girlanden zu den Abschlussübungen herauskommt. Der Steuerzahler nimmt an diesen Übungen teil und lauscht dem Gesang der Kinder in der selbstgefälligen Stimmung, die er gemeinhin annimmt, wenn er meint, auf seine Kosten zu kommen, obwohl er höchstwahrscheinlich weiß, dass seine eigene Musikausbildung an einer öffentlichen Schule überhaupt nichts für ihn gebracht hat.

Welche Ansprüche werden an die Musik als Mittel zur Erziehung der Jugend gestellt? Für einige Bildungsverantwortliche scheint dies fast unbegründet. „Was kann man damit erreichen?“, fragen sie. „Singen ist kein notwendiger Faktor im Leben.“ „Musik ist in einer Arbeitswelt von geringer Bedeutung.“

So argumentieren die Schulleute, die „Ergebnisse" wollen, wie sie es nennen. Aber das eigentliche Ziel der Erziehung sollte zunächst sein, den Menschen die Fähigkeit zu vermitteln, intelligent zu hören und zu sehen und ihre Hände geschickt zu benutzen, und dann den Geist zu trainieren, damit er Wissen aufnehmen und verarbeiten und in Weisheit umwandeln kann. Es gibt einige Schulbehörden, die Musik als wichtigen Teil einer solchen Erziehung ansehen, aber die meisten von ihnen – die sich ihrer Macht und ihres Wertes selbst nicht bewusst sind – akzeptieren sie nur, weil andere Menschen in ähnlicher Lage dies getan haben, oder als Abwechslung von anderen Studien oder als Mittel, um öffentliche Schulausstellungen zu beleben. Dass es etwas in unserer Natur gibt, das Musik erfüllt und befriedigt; dass große Männer ihren Ideen durch sie Ausdruck verliehen haben; dass das Verständnis und die Wertschätzung ihrer Äußerungen von der Schulung des Gehörs und der Vorstellungskraft abhängt und dass einem Mann oder einer Frau nach Abschluss dieser Schulung eine ganze Welt der Schönheit offen steht – all das sieht der durchschnittliche Schulstudent nicht. Und man kann auch nicht von ihm erwarten, sie zu sehen, denn er hat sie nie selbst erfahren. Aber er sollte von den Phänomenen überzeugt sein; von der großen Zahl der Menschen, die Freude und Anregung aus großartiger Musik ziehen; von der Beständigkeit der Liebe zu ihr; vielleicht sogar von den enormen Summen, die dafür ausgegeben werden. Aber er kann sein Misstrauen gegenüber einem Studium nicht zerstreuen, dessen Ergebnisse trügerisch sind; er sieht oft, dass es schlecht durchgeführt wird und ist nicht in der Lage, Abhilfe zu schaffen, also überlässt er es seinem Schicksal. Das einzige Medium menschlichen Ausdrucks, das universell ist, das die Sprache übersteigt, das keine Unterschiede kennt außer denen, die es in unseren eigenen Seelen sucht; das in einfachen Worten zum kleinsten Kind und zu seinem Großvater spricht; die sich *nicht* mit Glauben, Dogmen, Ereignissen, Dingen, Personen oder Orten beschäftigt – das vermutet er! Legt man all dies auf seine Bildungswaage; ein paar Stunden Arithmetik werden es aufwiegen. Die Leidenschaft für kategorische Fakten, die in methodischer Reihenfolge Semester für Semester, Jahr für Jahr angeordnet sind und in einem raketenartigen Ausbruch kulminieren, wobei jede Tatsache für einen Augenblick einzeln aufflammt, als wäre sie wirklich lebendig, und dann erlischt, während die verkohlten Glut weit auseinander auf einer geduldigen Erde zerfällt – das nennt man Bildung! Aber diese Leidenschaft ist fast unausrottbar – ist in der Tat eine der häufigsten menschlichen Schwächen. Es ist das, was man heutzutage „Effizienz" nennt: das heißt, eine Art von Hartnäckigkeit im Detail, die die größeren Aspekte eines jeden Falles, die wirklich sein Schicksal entscheiden, völlig außer Acht lässt. Systeme, Kategorien, Präzedenzfälle – diese sind sicher. Warum von ausgetretenen Pfaden abweichen? Individuelles Streben, ein Verlangen nach Schönheit – diese sind gefährlich. Wir lernen zwar nicht mehr die Namen von Flüssen oder die Hauptstädte Patagoniens und Boliviens auswendig, klammern uns jedoch noch immer an „nützliche" Themen und stellen unseren Bildungsstand noch immer auf die Probe, indem wir ihn im Juni abwägen.

Ich schlage daher vor, erstens zu prüfen, ob Musik ein Unterrichtsfach an unseren öffentlichen Schulen ist, zweitens die vorherrschenden Unterrichtsmethoden zu untersuchen, drittens die bisher erzielten Ergebnisse zu untersuchen und schließlich Möglichkeiten zur Verbesserung unserer Situation vorzuschlagen.

II. DER WERT DER MUSIK IN DER ÖFFENTLICHEN SCHULBILDUNG

Im letzten Kapitel habe ich auf die Eigenschaften der Musik hingewiesen, die sie für Kinder besonders wertvoll machen, und was ich dort gesagt habe, trifft hier in gleichem oder sogar größerem Maße zu. Jeder, der das Stadtleben in diesem Land und in Europa verglichen hat und gesehen hat, was für ein Vergnügen und welchen zivilisierenden Einfluss Musik haben kann, wenn sie in der Kindheit richtig gelehrt wird, muss erkennen, wie groß der Verlust ist, den unsere Leute erleiden, wenn sie das Singen vernachlässigen. Wir beginnen erst jetzt zu erkennen, wie lange es dauert, ein vielfältiges Volk durch eine intellektuelle Vorstellung von Nationalität zu einem zu verschmelzen. Das dünne Band des Eigeninteresses, der Vorteil, in der Welt „voranzukommen" – diese halten uns in normalen Zeiten zusammen, aber in einer großen Krise zerbrechen diese Bande. Der Sauerteig des Gefühls ist notwendig. Wir wollen eine gemeinsame Sympathie; wir wollen vor allem ein Ausdrucksmittel für diese Sympathie. In letzter Zeit hat es zahlreiche große Versammlungen gegeben, bei denen die Gefühle von Männern und Frauen sich in Rufen, Jubelrufen, Händeklatschen und anderen unartikulierten Methoden des Ausdrucks von Emotionen erschöpft haben. Was hätte ein Lied diesen Tausenden nicht alles gebracht – ein Lied, das sie alle kannten und liebten? Sollen wir für immer dumm bleiben?

Unsere Hoffnung liegt in den Kindern, für die Musik von unschätzbarem Wert ist. Erstens (wie ich bereits erwähnt habe) ist Musik das einzige Mittel, um kleine Kinder in tatsächlichen und intimen Kontakt mit Schönheit zu bringen. Im Kindergarten oder in den ersten Klassen unserer öffentlichen Schulen können Kinder singen und lieben es, einfache Lieder zu singen, die in ihrem begrenzten Rahmen vollkommen sind, während ihre Fähigkeit zum Zeichnen oder zum Erkennen von Formen und Farben vergleichsweise gering ist. In der Musik finden Kinder ein natürliches Ausdrucksmittel für die innewohnende Eigenschaft des Idealismus, die Teil ihrer Natur ist. Wenn Kinder zusammen singen, wird ihre Natur diszipliniert, während jedes Kind gleichzeitig seine eigene Individualität zum Ausdruck bringt. Die gemeinsame Aktivität von Ohr, Auge und Geist fördert tendenziell die schnelle Entscheidung und die Genauigkeit des Denkens. Nur in Bezug auf die rhythmische Koordination rechtfertigt sich die Musik. Rhythmische Bewegungen zur Musik werden seit langem als Mittel zur geistigen und körperlichen Entwicklung anerkannt. Beim Unterrichten von Liedern für kleine Kinder können viele interessante und anregende Übungen verwendet werden, und jeder, der einmal die Entwicklung eines Kindes durch intelligenten Gesangsunterricht und rhythmische Übungen beobachtet hat, muss erkannt haben, wie scharf seine Wahrnehmung wird und wie wertvoll das Training für seine allgemeine Intelligenz ist. Das Training in rhythmischen Bewegungen ist so wichtig, dass es nicht nur Teil jeder musikalischen Ausbildung, sondern jeder Grundschulbildung sein sollte.

Das Singen schöner Lieder bereitet Kinder auf bestmögliche Weise auf ein intelligentes Verständnis der Kompositionen der großen Meister vor, die viele Erwachsene mangels dieser Vorbereitung nie begreifen. Der Bildungsverwalter, der einem großen Komponisten die Ehre verweigert, die er einem großen Schriftsteller zuteil werden lässt, widerspricht dem Zeugnis von Generationen kultivierter und gebildeter Menschen auf der ganzen Welt und gibt darüber hinaus stillschweigend zu, dass er glaubt, Größe sei eine Frage bloßen äußeren Ausdrucks. Das Element in Shakespeares Schriften, das beispielsweise seine Größe offenbart, ist dasselbe Element, das die von Beethoven offenbart – nämlich ein fantasievolles, schönes und wahres Konzept oder eine Idee des menschlichen Lebens. Beethoven ist so wahrhaftig wie Shakespeare. In beiden findet sich dieselbe Fantasie, dieselbe Kühnheit, dieselbe Erhabenheit, dieselbe Extravaganz der Vorstellungskraft und dieselbe Treue zum Leben. Dass der eine Wörter und der andere bloße Klänge verwendet, hat keinerlei Auswirkungen auf den Fall oder, wenn überhaupt, zugunsten der Musik, da diese Elemente oder Qualitäten des Lebens direkter und intensiver in der Musik zum Ausdruck kommen als in Wörtern.

Ja, es gibt alle Gründe, der Musik einen echten Platz im Lehrplan einzuräumen, bis auf einen, und der ist dieser: Sie können darin keine Prüfung ablegen. Ein fataler Fehler! Keine 1+ oder 1-, die das Kind stolz zu seinen Eltern nach Hause bringen kann; an einem bestimmten Tag zu einer bestimmten Stunde können Sie durch einen festgelegten Test nicht herausfinden, was ein Kind von der schönen Sache, die wir Musik nennen, in seinem Herzen und seiner Seele hat. Das Ergebnis, das Sie zu erreichen hoffen, besteht hauptsächlich in einer Liebe zu guter Musik und einer Freude am Singen - ein Ergebnis, das wahrscheinlich das Glück des Kindes sein ganzes Leben lang beeinflussen wird; die ganze Tendenz des Singens in den Schulen bestand darin, das Kind zu zivilisieren, es glücklich zu machen und seine körperliche und geistige Koordination zu verbessern; und doch leugnen Sie den Wert einer solchen Ausbildung, Sie weigern sich, ihr einen echten

Platz in Ihrem Lehrplan einzuräumen, Sie nennen es eine Modeerscheinung oder einen Schnickschnack. Was für eine außergewöhnliche Haltung einer Bildungsverwaltung! Die Welt ist also nur ein Ort des Essens und Trinkens, der mechanischen Routine, der Tatsachen. Es darf keine Träume geben; die Blumen und Bäche und Berge, der Himmel, Vogelgesang und die ganze Fantasie des Lebens – das alles ist nichts. Schöne Dinge, an denen sich das Auge erfreut, schöne Klänge, die die Seele mit Glück erfüllen und für uns eine perfekte Welt für uns selbst erschaffen, das alles ist nutzlos, weil es im Juni keiner Prüfung standhält und nicht in ein Diplom einfließen kann. Ich frage mich, wie viele junge Leute unsere Bildungseinrichtungen mit nichts *als* einem Diplom verlassen? Wäre es für die Kinder nicht von großem Wert, wenn man ihnen beibringen würde, lebendig und intelligent zu sehen und zu hören, für alle schönen Dinge empfänglich zu sein, ein paar schöne Gedichte zu lieben, die ersten Anfänge eines Geschmacks für Literatur zu entwickeln, schöne Lieder singen zu können, am Chorgesang teilzunehmen und ein paar Stücke von Mozart oder Schubert gut zu kennen? Stellen nicht alle großen Dinge Beziehungen her und betonen nicht alle kleinen Dinge Unterschiede? Welche Bildung ist besser als die, die das Individuum mit dem Allgemeinen vereint? Ist diese ganze Welt der schönen Literatur, Malerei, Bildhauerei und Musik dann nicht im höchsten Sinne eine Bildung für das Individuum?

Wir marschieren in endlosen Reihen auf einem hart gepflasterten Weg aus der Sonne, unser Ziel ist ein Ort, an dem *der Nutzen* vorherrscht. Das Ziel erreichen und unsere Arbeit unter der Peitsche beginnen, nur ab und zu einen flüchtigen Blick auf Sterne, Blumen, Bäche, grüne Felder erhaschen – nur ein flüchtiger Blick, denn der *Nutzen* hält uns fest. Nach einiger Zeit vergessen wir sie ganz, da *der Gebrauch* uns fester in den Griff bekommt. Wir stapfen wie eine Maschine weiter, bis jeder Sinn für Schönheit erloschen ist und die Welt eine Tretmühle des Geldverdienens und trivialer Vergnügungen ist. Dann wirkt sich unsere Blindheit auf unsere Kinder aus. Wir haben den Impuls unserer Kindheit vergessen. Die Liebe zu schönen Dingen hat uns verlassen und wir haben kein Gespür für ihren Wert mehr. Müssen unsere Kinder weiterhin darunter leiden? Müssen auch sie zu Sklaven des Gebrauchs werden?

III. FALSCHE LEHRMETHODEN

Unsere Nachgiebigkeit, auf die ich hingewiesen habe, wird nirgends deutlicher als in den hohen Summen, die wir für den Musikunterricht ausgeben, und in unserer Unkenntnis der Ergebnisse. Schulbehörden und Schulinspektoren besitzen in der Regel nur wenig Wissen über das Thema und haben keine Möglichkeit, die Qualität und die Wirkung des Musikunterrichts zu beurteilen, außer durch solche Beweise, die das Singen der Kinder am Ende des Schuljahres liefert. Niemand fragt, was die tausend oder fünfzigtausend Dollar einbringen, die die Schulbehörde ausgibt. Das Geld wird bewilligt und für Gehälter, Musikbücher usw. ausgegeben, und so bleibt die Angelegenheit sozusagen in der Luft hängen und wird bis zum Ende des Schuljahres nicht wieder gehört. Kein Ausschuss überwacht die Auswahl der Bücher oder die Unterrichtsmethoden. Der Inspektor hat die alleinige Kontrolle. Das System gleicht einer umgekehrten Pyramide, die durch gelegentliches Singen gestützt wird, durch die trügerische Ausrede, dass Singen eine Entspannung nach anstrengenden Aufgaben sei (trügerisch, weil eine solche Entspannung durch Singen auch ohne den teuren Schnickschnack eines Schulmusiksystems möglich wäre), aber vor allem durch den ebenso trügerischen Glauben, dass das Lesen von Noten „vom Blatt", so genannt, ein Selbstzweck sei. Es ist so vollständig von der Kontrolle abgekoppelt, wie sie über andere Fächer ausgeübt wird, dass es zur Beute von Theoretikern geworden ist, die um es herum eine Masse pädagogischen Schnickschnacks angehäuft haben, der in keiner anderen Form des Musikunterrichts völlig unbekannt und im Wesentlichen künstlich und belastend ist.

Ich habe an Lehrerkongressen teilgenommen, bei denen sich das gesamte Interesse auf pädagogische Methoden und die Diskussion künstlicher Begriffe und Theorien konzentrierte. Ich habe Lehrer getroffen, die sagten, sie würden die Kinder vom Singen abhalten – weil es ihre Stimmen ruiniert! und die ihren Unterricht auf die Musiktheorie beschränken. Der Fetisch des Blattsingens hat den Unterricht kleiner Kinder in Mitleidenschaft gezogen, so dass sie, anstatt sie einfache und schöne Lieder nach Gehör singen zu lassen, was fast jedes Kind gerne tut, im Alter von fünf oder sechs Jahren unterrichtet werden Jahre, die Geheimnisse der Intervalle usw. Und da die Zeiteinteilung der Musik für ihren jungen Geist zu große Schwierigkeiten darstellt, werden die vertikalen Taktlinien verworfen, wodurch die Akzente ausgelöscht werden und der Musik eines ihrer grundlegendsten Elemente genommen wird. Dies erfordert den Ersatz rein empirischer Begriffe zur Beschreibung der Zeitwerte von Viertelnoten, Achtelnoten usw., wie z. B. „Typ eins", „Typ zwei"; oder es werden künstliche Silbenbegriffe übereinander gestapelt, bis daraus eine Monstrosität wie *tafate-fetifi* entsteht.

Es ist offensichtlich, dass jeder Unterrichtung über die Zeitwerte von Noten eine lange Erfahrung mit Musik durch Singen vorausgehen sollte, und dass, wenn ein Kind die durch diese künstlichen Begriffe dargestellten Klänge viele Male nach Gehör gesungen hat und weiterhin nach Gehör gesungen hat Nach zwei oder mehr Jahren und einer Reihe musikalischer Eindrücke, die seinen musikalischen Geschmack und Instinkt entwickelt haben und die Grundlagen der Zahlen beherrschen, wird das Erlernen der Noten zu einem viel einfacheren und natürlicheren Prozess, der keine anderen Begriffe erfordert als diejenigen, die normalerweise in der Musik verwendet werden. Sie können eine Note dann mit ihrem allgemein akzeptierten Namen benennen – „Halbe", „Viertel", „Achtel" usw.

Wie kam es dazu? Vor allem durch die Gleichgültigkeit der Öffentlichkeit und durch die Unfähigkeit der Schulbehörden, den Unterricht zu kontrollieren. Da die Eltern nie eine musikalische Ausbildung genossen haben, um zu erkennen, dass sie die höchsten Bildungsmöglichkeiten bietet, interessieren sie sich kaum für die Musik, die ihre Kinder in der Schule lernen. Die Verbindung zwischen Musik und Leben geht verloren. Der Schulleiter kann ein guter Musiker sein oder auch nicht; er kann den höheren Möglichkeiten der Musik als Bildungsfaktor völlig gleichgültig gegenüberstehen; sein Geschmack ist möglicherweise nie richtig ausgebildet. Er ist wahrscheinlich hilflos, auch wenn er das Bedürfnis nach Reformen verspürt, weil er Musikbücher braucht und nehmen muss, was er kaufen kann. Die Herstellung von Musikbüchern für Schulen ist zu sehr zu einer Angelegenheit des kommerziellen Wettbewerbs und insbesondere der kommerziellen Propaganda geworden, und dieser letztere Zustand wird durch die Sommerschulen für Schulleiter gefördert, die von den Verlegern der Schulmusikbücher kontrolliert und betrieben werden. Das Ergebnis all dessen ist, dass sich in vielen amerikanischen Städten ein schwerfälliges pädagogisches System fest etabliert hat.

Eine der größten Schwierigkeiten im Zusammenhang mit dem Musikunterricht an öffentlichen Schulen ist die Unfähigkeit einiger Grundschullehrer, Musik zu unterrichten. Der tägliche Unterricht wird von ihr erteilt. Der Musiklehrer besucht jedes Zimmer alle zwei, drei oder sogar vier Wochen. Es ist nicht unbedingt die Schuld der Grundschullehrerin, wenn sie Musik nicht gut unterrichten kann, denn die Ausbildung, die sie in den Grundschulen und in der Regelschule erhalten hat, war möglicherweise völlig unzureichend. Aber sie muss Musik unterrichten – als Teil ihrer regulären Aufgaben. Meine eigene Beobachtung lässt mich glauben, dass viele Grundschullehrer in der Lage sind, diese Arbeit gut zu machen, dass nur wenige sie so gut machen, wie sie es könnten, wenn sie mehr Ausbildung erhalten würden, und dass einige so schlecht unterrichten, dass es noch mehr Schaden anrichtet als gut. Auf jeden Fall bin ich gegen jede Übertragung des täglichen Unterrichts von den Klassenlehrern auf einen Experten, nicht weil ich denke, dass der Experte es in mancher Hinsicht nicht besser machen würde, sondern weil dies eine sehr große Kostensteigerung für uns bedeuten würde Schulen und weil ich glaube, dass nur wenige Grundschullehrer bei entsprechender Ausbildung nicht in der Lage sind, einen zufriedenstellenden Musikunterricht zu erteilen. Darüber hinaus glaube ich daran, den Musikunterricht als ein Band der Sympathie zwischen dem Klassenlehrer und den Kindern aufrechtzuerhalten. Singen ist eine völlig natürliche Kunst für jeden Menschen, der damit in der Kindheit beginnt und es bis in die Jugend fortsetzt. Ich freue mich auf den Tag, an dem wir alle singen werden. Ich lehne die Verdrängung des Grundlehrers in die eine Funktion des Schullebens ab, die intim, frei und schön ist, in der Fakten, Mitglieder, Orte, Ereignisse, Namen vergessen werden und in der der Geist jedes Kindes zum Vorschein *kommt die Disziplin der Schönheit* . (Ich setze diese Wörter kursiv, weil mir ständig gesagt wird, dass das Großartige an der Erziehung von Kindern darin besteht, ihnen Selbstausdruck zu geben; worauf ich entgegne, dass Selbstausdruck außer unter Disziplin – wenn ich das Wort im weiteren Sinne verwende – hat weder dem Einzelnen noch der Rasse geholfen.) Wir müssen auf die normalen Schulen blicken, um diese Verbesserung der Fähigkeit unserer Lehrer, Musik zu unterrichten, zu erreichen, und die normalen Schulen wiederum müssen erwarten, dass unsere Gymnasien ihre Absolventen aussenden. Musik wird ordnungsgemäß unterrichtet, so dass normale Schulen keine Zeit damit verbringen müssen (wie sie es heute oft tun), die Unvollkommenheiten der früheren Ausbildung zu ergänzen.

Wir bewegen uns derzeit in einem Teufelskreis. Viele unserer normalen Schulen bewahren noch immer etwas von der künstlichen Pädagogik, auf die ich mich bezogen habe, und schicken immer noch Lehrer aus, die *menschlich gesehen* nicht in der Lage sind, die Kinder in Musik zu führen. (Ich beziehe mich dabei auf das menschliche Element, denn es ist unmöglich, Musik richtig zu unterrichten, wenn man nicht Erfahrung mit dem Besten davon hat und wenn man das Beste nicht mehr liebt als alles andere. Solange unsere normalen Schulen liegen Zu große Betonung der Technik des Musikunterrichts auf Kosten des Größeren, nur so lange werden unsere Schulen leiden. Und es ist leicht möglich, dass die normalen Schulbehörden darüber getäuscht werden, was die beste Musik ist (eine mutige Darbietung musikalischer Darbietung.) Das eigentliche Scheitern in der Musikverwaltung ist auf ein falsches Ideal zurückzuführen. Und in diesem falschen Ideal oder Zweck liegt der Kern der ganzen Sache. Fast der gesamte Schwerpunkt des Unterrichts liegt auf dem fachmännischen Notenlesen vom Blatt. Gehen Sie mit einem Betreuer in ein Klassenzimmer, um seine Klasse singen zu hören, und er wird Ihnen fast ausnahmslos mit Stolz die Fähigkeit der Kinder demonstrieren, vom Blatt zu singen. Er wird Sie bitten, als Test ihrer Fähigkeiten spontan etwas an die Tafel zu schreiben. Er zeigt Ihnen Klassen von ganz kleinen Kindern, die bereits das Notenlesen gelernt haben und allerlei einfache Übungen aus dem Stab singen können.

Was ist mit dem Begriff „Vom Blatt singen" gemeint? Er bedeutet, wenn überhaupt, dass eine Person in der Lage sein soll, ihre Stimme in einem beliebigen Vokalmusikstück, das sie noch nie zuvor gesehen oder gehört hat, beim ersten Versuch richtig zu singen. Und das, wofür wir unser Geld ausgeben, ist eine völlig künstliche Leistung, da wir im wirklichen Leben fast nie dazu aufgefordert werden. „Vom Blatt singen" ist zu einem Schibboleth geworden. Was wir brauchen, ist eine angemessene Fähigkeit, Noten zu lesen, denn das ist alles, was wir im wirklichen Leben tun müssen. In Gesangsvereinen und Chören in diesem ganzen Land ist die Zahl der Sänger, die Noten vom Blatt lesen können, verschwindend gering, und es gibt wahrscheinlich keinen von ihnen, der die Feinheiten der modernen Chorkomposition sofort beherrschen könnte. Lassen Sie uns also Kindern das Notenlesen beibringen, indem wir ihnen so viele Versuche wie nötig geben, und lassen Sie sie allmählich eine solche Vertrautheit mit Intervallen und rhythmischen Figuren entwickeln, dass es ihnen möglich wird, mit anderen Menschen zu singen und dabei Freude zu haben. Dann werden wir ein künstliches Ideal los und haben nur noch so viel mehr Zeit, um Musik um ihrer selbst willen zu kultivieren. Es versteht sich von selbst, dass die überwiegende Mehrheit der Kinder in unseren öffentlichen Schulen nie jene Kompetenz erreicht, die das gegenwärtige Ziel des Unterrichts ist. Wir haben also einen doppelten Misserfolg – im Idealfall und in der Praxis. (Dies ist nicht der Ort für eine Diskussion der verschiedenen Methoden des Unterrichts im Vom-Blatt-Singen. Die in diesem Land allgemein verwendete Methode ist aus der englischen Praxis abgeleitet und wir haben die viel genaueren und wissenschaftlicheren Systeme Frankreichs und Deutschlands ignoriert.)

Der Betreuer, der so stolz auf die Fähigkeit seiner Schüler ist, vom Blatt zu singen, sollte vor allem an etwas viel Wichtigerem interessiert sein, nämlich an ihrer Fähigkeit, ein schönes Musikstück zu singen, und vor allem an ihrer Freude daran, z Das ist die einzige wirkliche Rechtfertigung für seine Anwesenheit dort. Viele Betreuer scheinen fast vergessen zu haben, dass Musik etwas Schönes ist und dass die einzige Möglichkeit, sie im Herzen eines Kindes lebendig zu halten, darin besteht, dem Kind beizubringen, schöne Lieder zu singen. Der ständige Kontakt mit minderwertigen Kinderliedern kann tatsächlich den Geschmack des Betreuers so beeinträchtigt haben, dass er selbst den Unterschied zwischen Gut und Böse nicht mehr erkennen kann.

IV. GUTE ODER SCHLECHTE MUSIK?

Acht Jahre lang wird den Kindern in unseren öffentlichen Schulen also – soweit möglich – das Singen vom Blatt beigebracht. Wenn es ein schönes Lied gibt, das eine gewisse Schwierigkeit aufweist, wird es an der Stelle im Buch aufgeführt, an der diese Schwierigkeit auftritt, und als Probe für das Vom-Blatt-Singen behandelt. Es wird einer Analyse seiner melodischen Progressionen unterzogen, von denen jede als technisches Problem behandelt wird. Dies ist genau die Methode, die im Zusammenhang mit Poesie so oft und so verhängnisvoll angewendet wird. Die Flügel der Feldlerche werden gestutzt; die griechische Urne wird zu einem archäologischen Objekt; der Vorabend der St. Agnes wird zu einem Datum im Almanach.

Damit komme ich zum wichtigsten Teil der ganzen Angelegenheit. Wenn fachmännisches Blattsingen nicht nur ein falsches Ideal ist, sondern unter den gegenwärtigen Bedingungen an öffentlichen Schulen überhaupt nicht erreicht werden kann, was rechtfertigt dann unsere Ausgabe solch großer Geldsummen? Die einzige Rechtfertigung dafür besteht darin, Kindern die Liebe zur besten Musik nahezubringen und so ihren Geschmack dafür zu schulen, damit sie in die Lage versetzt werden, zwischen Gut und Böse zu unterscheiden. Nun wird ein gründlicher Test der Kinder im Kindergarten oder in den unteren Grundschulklassen einer beliebigen öffentlichen Schule mit Sicherheit zeigen, dass diese Kinder zu Beginn ihres Lebens über einen guten Musikgeschmack verfügen. Die Natur ist hier verschwenderisch – verschwenderisch und treu. In den entlegensten Dörfern dieses Landes, in reinen Industriegemeinden, unter den Armen und unter den Reichen (beide haben es vergessen) lieben Kinder gute Lieder. Es ist ihr natürliches Erbe. Kein Übermaß an Materialismus in den Generationen beeinflusst es im geringsten. Dies ist die ursprüngliche Begabung; Tief im menschlichen Charakter liegt eine Harmonie der Anpassung an die Natur. Überlagern Sie es nach Belieben mit Sitte oder Gewohnheit; besudle es mit Luxus; es besteht immer noch, denn ohne es kann das menschliche Leben nicht sein. Diese idealistische, niemals zerstörte Lebensgrundlage des Menschen erscheint bei Kindern frisch und unbefleckt und sprudelt in ihrem Gesang wie aus einer reinen Quelle. [5]

Es wird häufig darauf hingewiesen, dass es weder in der Stadt noch in der Großstadt zu einer solchen Zunahme des Chorgesangs gekommen ist, wie unser Musikunterricht an öffentlichen Schulen erwarten ließe. Tatsächlich scheinen die unzähligen jungen Absolventen unserer Schulen kaum einen Eindruck vom Chorgesang zu hinterlassen. Es bleibt immer noch die geringste unserer musikalischen Aktivitäten. Es ist so schwierig wie eh und je, Leute, denen die Gesangspraxis genug am Herzen liegt, für die Proben zu gewinnen. Freiwilliges Chorsingen mit der Freude, die man daraus ziehen kann, ist selten. Sind unsere öffentlichen Schulen nicht mitverantwortlich für diesen Zustand? Ist dieser natürliche Geschmack und die Liebe zu guter Musik, von denen ich gerade gesprochen habe, nicht verfallen und schließlich fast verschwunden? Und ist das nicht größtenteils das Ergebnis von zu viel technischem Unterricht und zu wenig guter Musik? Ich weiß, dass es für Kinder viel mehr Ablenkungen gibt als früher; Ich weiß, dass der Heimateinfluss in der Musik gering ist und dass Eltern weniger Verantwortung für ihre Kinder übernehmen als früher. Aber trotz alledem erfüllt der Musikunterricht an öffentlichen Schulen seine eigentliche Funktion nicht und kann auch nicht darauf hoffen, bis er seine Ideale ändert.

Es besteht überhaupt kein Zweifel daran, dass im Allgemeinen die Musik, mit der man den Geschmack kleiner Kinder am besten schulen kann, die sogenannte „Volkslieder" ist. Die Annahme, dass jeder Musiker in der Lage sei, ein schönes, langlebiges Lied zu komponieren, das für Kinder geeignet ist, ist im Grunde falsch. Das ständige Erscheinen neuer Lieder für Kinder und ihr unvermeidliches Verschwinden in der nächsten Generation ist Beweis genug dafür, dass dies so ist, abgesehen von den untrüglichen Beweisen in den Liedern selbst. In Wirklichkeit ist die gute Melodie richtig, die schlechte Melodie falsch; die gute Melodie entspricht der Natur, ist Teil der Natur; Die schlechte Melodie ist in ihrer Menge und ihrem Gefühl falsch und kein Teil der Natur. Die Feinabstimmung ist geradlinig, ehrlich und aufrichtig im Gefühl; die minderwertige Melodie gibt vor, so zu sein, ist es aber nicht. Es wurden schöne einfache Melodien komponiert, die für Kinder zum Singen geeignet sind – „Way Down upon the Suwanee River" ist ein Beispiel –, aber ihre Zahl ist sehr gering. Der einzige Schutz besteht darin, sich hauptsächlich an die alten Melodien zu halten, deren Qualität sich bewährt hat. Und da die Anzahl der schönen Volkslieder für unsere Zwecke mehr als ausreichend ist und die meisten von ihnen nicht urheberrechtlich geschützt sind, scheint es überhaupt keinen Grund zu geben, warum sie nicht den größten Teil der Musik ausmachen sollten, die wir unseren Kindern geben singen in ihren ersten Schuljahren.

Ich habe gesagt, dass Kinder echte Melodien den falschen vorziehen. Damit verfügen wir über eine absolut solide Basis, auf der wir aufbauen können. Man darf jedoch nicht vergessen, dass Singen für Kinder an sich ein angenehmer Zeitvertreib ist und dass ihr Geschmack sowohl gemindert als auch gesteigert werden kann. Da wir auf ihrem grundsätzlich guten Geschmack aufbauen können, können wir einigermaßen sicher sein, dass wir unser Ziel erreichen, wenn wir ihnen während ihres gesamten Schullebens die beste Musik und keine andere bieten. Dies wird nicht getan, und das Scheitern unserer Schulmusik, sich zu rechtfertigen, kann hauptsächlich darauf zurückgeführt werden.

Nirgendwo wird dies deutlicher als dort, wo es am meisten Schaden anrichtet – nämlich im Kindergarten. Und das gilt generell für Kindergärten. Bei der Bereitstellung passender Texte für ihre Lieder – die im Kindergarten als besonders wichtig erachtet werden – für sehr junge Kinder scheint die Wirkung minderwertiger Musik völlig außer Acht gelassen worden zu sein. Mit anderen Worten: Der eine Sinn, durch den kleine Kinder ihre lebendigsten Eindrücke aufnehmen, wurde systematisch und beharrlich verletzt. Ich habe viele Liederbücher untersucht, die in amerikanischen Kindergärten verwendet werden, und ich habe nie eines gefunden, das wirklich geeignet war, den Musikgeschmack kleiner Kinder zu schulen. Charakteristisch ist unser Verlangen nach einem vollständigen pädagogischen System; es ist unsere Zuflucht, unser Bollwerk. Anstatt uns den tatsächlichen Problemen so zu stellen, wie sie sind, nehmen wir ein vorgefertigtes System – das eine andere ratlose Person als Zufluchtsort entwickelt hat – und übernehmen es *als Ganzes* . Damit meine ich, dass es bei den Kindergartenbehörden üblich ist, ein Buch auf dem freien Markt zu kaufen – ein Buch, dessen einzige Garantie darin besteht, dass es zum Verkauf steht. Es enthält wahrscheinlich minderwertige Musik, aber der Käufer stellt keine Fragen. Nun könnte ein unternehmungslustiger und gut ausgestatteter Lehrer während eines Sommerurlaubs fünfundzwanzig einfache Volkslieder zusammenstellen, passende Texte dafür schreiben lassen und sie vervielfältigen lassen (wenn mehr Kopien benötigt würden) und in ihr verwenden Schule. Ich sage nichts über den Nutzen, den es für sie hat, dies zu tun.

Es ist also offensichtlich, dass der Musikunterricht in unseren öffentlichen Schulen unter großen Schwierigkeiten leidet. Die Klassen sind zu groß – manchmal 45 Kinder in einem Raum –, die Unterrichtsstunden sind zu kurz; der Musiklehrer besucht jeden Raum in zu großen Abständen; der Klassenlehrer ist vielleicht nicht ausreichend qualifiziert, um Musik zu unterrichten, und das Interesse des Schulleiters daran ist vielleicht oberflächlich. Der Unterricht selbst ist daher unregelmäßig, wie es unter solchen Bedingungen der Fall sein muss. Und doch versuchen wir, *fachmännische* Ergebnisse zu erzielen. Warum sagen wir uns nicht, dass unsere Bevölkerung als Ganzes noch nicht aktiv an der besten Musik interessiert ist, und da die Kinder außerhalb der Schule wahrscheinlich nicht viel davon hören werden, und da es von Natur aus, Gewohnheit und Verbindung her in unserem Musikleben wirklich nichts gibt, was es rechtfertigt, unser Geld dafür auszugeben, Kindern fachmännisches Vom-Blatt-Singen beizubringen – ein Unterfangen, das in gewissem Sinne anomal und losgelöst ist; warum sagen wir uns nicht: "Zuallererst müssen wir unseren Kindern beibringen, die beste Musik zu lieben, und dann müssen wir ihnen beibringen, sie zu lesen, nicht unbedingt ‚vom Blatt‘, aber sie gut genug zu lesen, um allen Anforderungen zu genügen, die in dieser Hinsicht im späteren Leben wahrscheinlich gestellt werden." [6] Ich würde die Hälfte des pädagogischen Drum und Dran unseres Musikunterrichts an öffentlichen Schulen weglassen. Ich glaube, dass durch ständigen Kontakt mit der besten Musik und fortgesetzte Beobachtung dieser mit einem Minimum an technischen Übungen viel wertvollere Ergebnisse erzielt werden könnten. Ich glaube, dass die Prozesse der Musik keinerlei Bedeutung haben, außer in ihrer Erscheinung in großen Kompositionen, und dass ständiger Kontakt mit und Beobachtung guter Musik wertvoller ist als das Studium der Regeln, nach denen sie gemacht wird, oder der Technik, mit der sie produziert wird. In der

Musik wie in der Poesie leiten wir die Regeln und Gesetze aus den künstlerischen Objekten selbst ab. Der Komponist und der Dichter sind für uns, was die Natur für sie ist.

V. REFORMVERSUCH

Die vorstehenden Schlussfolgerungen habe ich aus einer ausführlichen Beobachtung und Erfahrung mit der Musik öffentlicher Schulen gezogen, und ich sollte hinzufügen – damit die Aufzeichnung nicht zu verzweifelt wirkt –, dass an einer beträchtlichen Anzahl von Orten intelligente und aufgeschlossene Männer und Frauen ihr Bestes gegeben haben um der Flut minderwertiger Musik und künstlicher Lehrmethoden Einhalt zu gebieten. In den letzten zwei Jahren war ich Mitglied eines unbezahlten Beratungsausschusses, der vom Schulausschuss der Stadt Boston eingesetzt wurde, um den Musikunterricht an öffentlichen Schulen zu verbessern. Das Schulkomitee von Boston besteht aus fünf vom Volk gewählten Personen. Durch eine unabhängige Untersuchung von Dr. AT Davison von der Harvard University (dem Vorsitzenden unseres Komitees) wurden sie auf die Ineffizienz der Lehre aufmerksam und baten ihn, ein Komitee zu bilden, das ihnen helfen sollte. Boston gab etwa vierzigtausend Dollar für die Musik öffentlicher Schulen aus. Während eines Schuljahres besuchten die Mitglieder unseres Komitees Schulen und notierten, was sie hörten und sahen. Schließlich legte jedes Mitglied dem Vorsitzenden einen schriftlichen Bericht vor. Diese dienten als Grundlage für einen allgemeinen Bericht an den Schulausschuss, der ihn akzeptierte.

Der Bostoner Unterricht war besonders schwach im Umgang mit Rhythmus, und zwar aus einem ganz einfachen Grund. Rhythmus wurde nicht als Handlung gelehrt, was er ist, sondern als Symbol, was er nicht ist. Die verschiedenen rhythmischen Figuren wurden mit anderen Worten durch den Geist statt durch den Körper gelehrt. Diese rhythmischen Figuren erhielten willkürliche Namen (auf die ich bereits hingewiesen habe), und den Kindern, die die Symbole betrachteten, wurde der seltsame Name genannt, den sie erhielten, und sie brachten, ganz still dasitzend, die erforderlichen Töne hervor. Die Lehrer schlugen nicht einmal den Takt. Die übliche Antwort, die wir erhielten, wenn wir nach Rhythmus fragten, war: „Oh, sie spüren den Rhythmus." Das mag wahr gewesen sein, aber wenn dem so war, waren die Kinder extreme Individualisten! Diese Art des Rhythmusunterrichts ist in den Vereinigten Staaten weit verbreitet und der Mangel ist schwerwiegend. Die arithmetischen Komplikationen des Rhythmus in der Musik sollten kleinen Kindern überhaupt nicht beigebracht werden. So wie sie die Melodie singen sollten, indem sie den Lehrer nachahmen, so sollte ihnen der Rhythmus beigebracht werden, indem sie *in Aktion* den Zeitwert der Noten nachahmen. Einem Kind, das ein einfaches Volkslied viele Male gesungen und genau im Takt und Rhythmus der Noten getanzt, marschiert oder in die

Hände geklatscht hat, kann man später die Tonhöhen- und Taktnamen dieser Noten ohne die geringste Schwierigkeit und ohne jegliche Ausflüchte beibringen. In einem Schulzimmer mit etwa vierzig Kindern und einem Raum, der größtenteils von Tischen und Stühlen eingenommen wird, ist es natürlich unmöglich, ausgedehnte Rhythmusübungen durchzuführen. Man sollte jedoch jede Anstrengung unternehmen, musikalische Rhythmen als Aktion zu lehren, bevor man sie als Töne lehrt. Wenn möglich, sollte der Unterricht in den Versammlungsraum verlegt werden, wo für solche Übungen genügend Platz zur Verfügung steht.

Aber der beunruhigendste Zustand in den Bostoner Schulen – und das dürfte mehr oder weniger überall in unserem Land zutreffen – war, dass alle Kinder im Kindergarten und in der Grundschule solche Lieder lernten, die schließlich ihren natürlichen Geschmack für gute Musik zerstören würden. Dies ist der einzige große Vorwurf gegen die öffentliche Schulmusik in den Vereinigten Staaten – dass sie speziell für Schulbücher und für technische Probleme hergestellt wurde und dass sie daher die Loyalität der Kinder nicht aufrechterhält. Nur die Besten werden das jemals schaffen, und solange wir nicht die Besten liefern, wird unsere Schulmusik scheitern. Unser Komitee empfahl als ersten Schritt zur Reform, den gesamten Notenleseunterricht auf die zweite Hälfte der dritten Klasse zu verschieben. Dadurch konnten wir das Singen nach Gehör einführen und gleichzeitig Rhythmus durch Taktschlagen, Händeklatschen, Marschieren usw. lehren. Ein Buch mit Volksliedern wurde von Dr. Davison und mir zusammengestellt und von übernommen und veröffentlicht [7]. der Schulausschuss. Die größte Schwierigkeit bestand hier darin, passende Verse für die einfacheren Lieder zu finden. Wir haben viel Zeit mit dieser einen Angelegenheit verbracht und waren selbst dann nicht immer erfolgreich. Gute Verse für sehr kleine Kinder sind schwer zu bekommen, und – um zu zeigen, wie mühsam die Erstellung eines Buches mit solchen Liedern ist – wir haben manchmal ein halbes Dutzend Verssätze für eine einfache Melodie erhalten, ohne einen zu finden, den wir für geeignet hielten.

Es ist vielleicht zu früh, um aus den Ergebnissen dieser Reformen in den Bostoner Schulen sehr eindeutige Schlüsse zu ziehen. Eines ist sicher: Eine sehr große Zahl von Kindern im Alter von fünf, sechs und sieben Jahren singen jetzt wirklich schöne Lieder, ohne überhaupt Noten zu sehen und ohne dass ihnen irgendetwas über die Noten, Pausen, Intervalle usw. gesagt wird, die in ihnen vorkommen. Durch die Erfahrung dieser zweieinhalb Jahre des Singens nach Gehör werden wir die Fähigkeit zum Singen nach Noten entwickeln und diese Fähigkeit wird viel leichter erworben, als dies sonst möglich wäre. Es ist auch erwähnenswert, dass die Kosten für Notenbücher in diesen Klassen (und das Gleiche gilt für spätere Klassen) mehr als halbiert werden. Im Kindergarten und in den ersten Grundschulklassen singen die

Kinder ohne Buch; in der zweiten und dritten Klasse verwenden sie ein einfaches und billiges Textbuch, während die Lehrer in diesen Klassen die bereits erwähnte kleine Sammlung von Volksliedern verwenden.

In den Bostoner Schulen werden 90 Minuten pro Woche dem Zeichnen und 60 Minuten der Musik gewidmet. Es ist offensichtlich, dass eine tägliche Musikstunde von 12 Minuten für einen angemessenen Unterricht völlig unzureichend ist. Eine Erhöhung auf 20 Minuten pro Tag oder auf drei halbe Stunden pro Woche ist sehr wünschenswert. In vielen Schulen wird viel zu viel Zeit darauf verwendet, Musik für die Abschlussfeier vorzubereiten. Wenn man eine Prüfung nicht besteht, was bleibt dann anderes übrig als eine Vorführung?

Es ist eine wirklich schwierige Aufgabe, ein fest verwurzeltes Bildungssystem oder eine fest verwurzelte Bildungsmethode zu reformieren. Was eindeutig als vernünftigere Methode erwiesen ist, widerspricht dem Eigeninteresse, der Tradition, der intellektuellen Unbeweglichkeit (um einen gemäßigten Begriff zu verwenden!) und anderen, noch heftigeren Widerständen. Die Reformen, die wir in Boston einführen, erfordern die vereinte Kraft aller Autoritätspersonen, des gesamten Lehrpersonals und der öffentlichen Meinung. Aufgrund von Umständen, auf die wir keinen Einfluss haben, wird keine dieser Kräfte voll ausgeschöpft. Aber wir haben etwas erreicht, denn wir haben die Kosten gesenkt und den Unterricht vereinfacht; und jede dieser Verbesserungen war dringend erforderlich.

VI. ANDERE AKTIVITÄTEN IN DER SCHULMUSIK

Ein ermutigendes Zeichen für unseren Fortschritt ist das Orchesterspiel. Schulorchester sind zu einem wichtigen Bestandteil des Schullebens geworden, und die Qualität mancher Orchesterstücke ist bemerkenswert. Sie stellen oft den Gesang in den Schatten und sind häufig in sich geschlossen, da sie nicht unter der Leitung der Musiklehrer, sondern des Schulleiters oder eines seiner Assistenten stehen. In diesem Bereich des Musikunterrichts hängt wie im Gesangsunterricht viel von der Einstellung des Schulleiters ab. In unseren Bostoner Schulen gibt es bemerkenswerte Beispiele für gute Musik, die von enthusiastischen Schulleitern gefördert und unterstützt wird, die großen Wert darauf legen, im Gegensatz zu bloßer technischer Sachkenntnis. In Boston wird jetzt für das Studium des Klaviers oder eines Orchesterinstruments außerhalb der Schulstunden und bei unabhängigen Lehrern eine Anerkennung für das Abitur gegeben. Es werden Listen herausgegeben, die den musikalischen und darstellerischen Standard für jede Klasse angeben, und von den Eltern werden Bescheinigungen über die Übungsstunden verlangt. Der Erfolg dieses Anerkennungssystems hängt von der Gewinnung kompetenter Prüfer ab, die sonst nicht mit den Schulen verbunden sind, denn auf diese Weise werden schlechte Lehrer nach und nach eliminiert. Viele Schulzimmer sind mit Grammophonen ausgestattet, die den Geschmack von Kindern entscheidend beeinflussen können. Eine Liste genehmigter Schallplatten für die Bostoner Schulen ist in Vorbereitung, um unerwünschte Musik zu eliminieren und den Nutzen der Instrumente zu erhöhen.

Spontan und ohne technische Anleitung nach Gehör zu singen, sondern aus Freude am Tun und zur Geschmacksbildung an guten Vorbildern, ist der eigentliche Anfang jeder musikalischen Ausbildung. Diese Erfahrung, gepaart mit richtigen Rhythmusübungen, bildet eine echte Grundlage, nicht nur für den Blattgesang, sondern für den Auftritt auf jedem Instrument. Kein Kind sollte für eine mögliche Anrechnung im Klavierspiel zugelassen werden oder zum Geigenunterricht zugelassen werden, bis es in Gesang und Rhythmus entsprechend vorbereitet ist. Das Klavier deckt das defekte Ohr weder auf noch korrigiert es es; Die Violine hingegen offenbart es zwar, korrigiert es aber nicht unbedingt. Ein gestörter Rhythmus kann nur durch tatsächliche rhythmische Bewegungen des Körpers richtig korrigiert werden.

Viele Gymnasien bieten mittlerweile Kurse zum Thema „Wertschätzung der Musik" an. Der Erfolg solcher Kurse hängt in erheblichem Maße von der Qualität der Musik ab, die in der Grund- und Grammatikstufe eingesetzt wird. Wenn die Kinder acht Jahre lang minderwertige Musik gesungen haben, wird es entsprechend schwieriger, ihnen beizubringen, die beste Musik wertzuschätzen. Wenn ihr Geschmack im Gegenteil sorgfältig an guten Vorbildern geformt wurde, ist der Einstieg in die großartige Musik bereits geschafft. Beim Studium der Symphonien würde man beispielsweise mit Haydn beginnen, dessen Sinfonien und Kammermusik größtenteils auf Volksmelodien basieren. Kurz gesagt, Kurse zur Wertschätzung sollten der Höhepunkt der musikalischen Ausbildung unserer jungen Menschen sein. Das Ziel solcher Kurse sollte in erster Linie die Förderung des musikalischen Gedächtnisses sein, denn dies ist für jeden, der Musik intelligent hören möchte, von entscheidender Bedeutung. Nachdem dies erreicht wurde, sollte der Schüler einfache Instrumentalstücke anhören, deren Stil und Form erklärt werden sollten, und die Erklärung sollte so untechnisch wie möglich sein [8]. Jede Eigenschaft oder Qualität der Musik kann im Rahmen der Ästhetik behandelt werden, und der Erfolg, jungen Menschen das Verständnis beizubringen, hängt in erheblichem Maße von der Fähigkeit ab, sie so darzustellen. Der Lehrer und ein Assistent sollten die gesamte gelernte Musik auf einem Klavier spielen oder, falls dies nicht möglich ist, einen mechanischen Klavierspieler einsetzen.

Und jetzt möchte ich sagen, dass der wichtigste und vorteilhafteste Schritt, den eine Gemeinde zur Verbesserung ihrer Schulmusik unternehmen könnte, darin bestehen würde, einen Betreuer zu gewinnen, der nicht von den aktuellen amerikanischen pädagogischen Theorien des Blattgesangs beeinflusst ist und der nicht versuchen wird, kleinen Kindern etwas beizubringen, was sie können Ich kann es unmöglich verstehen, und wer wird vom Kindergarten bis zum Gymnasium nur die beste Musik verwenden. Keine Gemeinschaft ist wirklich hilflos, wenn sie sich aufraffen will. Wenn unser Musikunterricht an öffentlichen Schulen gut konzipiert und ordnungsgemäß durchgeführt würde und wenn unseren Kindern beigebracht würde, nur die beste Musik zu singen, könnten wir uns auf eine nicht allzu ferne Zeit freuen, in der eine Generation von Musikliebhabern an ihre Stelle treten würde die heutige Generation von Musikliebhabern. Unsere jungen Leute würden sich ganz natürlich für Chöre und Gesangsvereine interessieren. Gruppen von Menschen kamen zusammmen, um zu singen; Familien würden zusammmen singen; es würde Kammermusikpartys geben; Wir sollten viele ruhige häusliche Abende zu Hause verbringen und Mozart und Beethoven lauschen, anstatt Bridge zu spielen oder in ein Kino zu gehen. Die gesamte amerikanische Musik würde durch den Zustrom jener jungen Leute beeinträchtigt werden, die das Beste wollen. Vielleicht würde im Laufe der Zeit – obwohl man nicht mit der Jahrtausendwende rechnen darf – das fade Salonlied zusammen mit dem klingelnden Prunkstück auf dem Klavier verschwinden. „Cellisten würden etwas Besseres spielen als Stücke von Popper; das dreizehnte Konzert von Viotti und die dreißigste ungarische Rhapsodie würden in die Schwebe verbannt, in der jetzt (wir hoffen auf den Tod) die „Schlacht von Prag" und die „Klosterglocken" ruhen. Dies kann nicht einfach so herbeigeführt werden. Wir müssen uns daran machen; Und der Ausgangspunkt sind unsere öffentlichen Schulen.

FUSSNOTEN:

[5] Ein gewisser kleiner Teil der Kinder ist in der Musik zurückgeblieben, aber die Möglichkeit, ihnen das Singen beizubringen, ist längst zufriedenstellend nachgewiesen. Sie benötigen besondere Aufmerksamkeit, die an öffentlichen Schulen nur schwer zu vermitteln ist. Sie sollten meines Erachtens niemals von ihren Plätzen im Raum genommen und an eine Seite gestellt werden, sondern man sollte sie bitten, den anderen Kindern zuzuhören und gelegentlich mit ihnen zu singen, wobei der Lehrer in der Nähe stehen und um Hilfe und Ermutigung bitten sollte.

[6] Damit meine ich nicht, dass ich ein gewisses Maß an Sachkenntnis im Notenlesen „vom Blatt" für eine unmögliche Errungenschaft für Kinder halte. Was ich gesagt habe, bezog sich ausschließlich auf unsere öffentlichen Schulen, wie sie gegenwärtig aufgebaut sind, und auf die Vorkehrungen, die jetzt für den Musikunterricht getroffen wurden. Der Unterricht im Vom-Blatt-Singen erfordert die Dienste eines Experten, mehr Zeit, als unsere Schulen jetzt zur Verfügung stellen, und eine wissenschaftlichere Methode als die, die jetzt angewandt wird.

[7] Jetzt veröffentlicht von der Boston Music Company, 26 West Street, Boston, Massachusetts.

[8] Kontrapunkt beispielsweise besteht strenggenommen aus zwei Melodien, die parallel zueinander verlaufen, Note gegen Note. Ästhetisch gesehen besteht Kontrapunkt darin, eine Phrase oder ein Thema durch *Teile* seiner *selbst zu beleuchten, zu illustrieren oder zu entwickeln* . In der Architektur würde man das so beschreiben, als würde man das Ornament aus der Struktur herauswachsen lassen.

KAPITEL IV
GEMEINSCHAFTSMUSIK

I. MUSIK PER PROXY

In den vorangegangenen Kapiteln habe ich mich mit speziellen musikalischen Themen befasst und immer wieder darauf hingewiesen, dass Musik eine eigenständige und eigenständige Kunst ist, die ihre eigenen Daseinsgründe hat. Ich habe mich auch mit einigen seiner besonderen Funktionen sowie mit seinem Zusammenhang mit der Kindererziehung befasst. In diesem Kapitel ist es meine Absicht, Musik in ihrer Beziehung zu großen und kleinen Gemeinschaften zu diskutieren, und dies erfordert eine möglichst umfassende Behandlung.

Mit Gemeinschaftsmusik meine ich erstens Musik, an der alle Menschen einer Gemeinschaft teilnehmen; zweitens Musik, die von bestimmten Mitgliedern der Gemeinschaft zum Nutzen und Vergnügen der anderen produziert wird; und drittens Musik, die zwar tatsächlich von bezahlten Künstlern aufgeführt wird, aber dennoch irgendwie den Willen der Gemeinschaft als Ganzes zum Ausdruck bringt. Ich werde mich nicht hinter Allgemeinplätzen oder ästhetischen Theorien verstecken. Ich möchte jeden erreichen, auch den Menschen, der sagt: „Ich weiß nichts über Musik, aber ich weiß, was mir gefällt", und den anderen außergewöhnlichen Menschen, der sagt: „Ich kenne nur zwei Melodien, eine davon ist ‚Yankee Doodle'" – jede dieser Aussagen ist völlig unverständlich, denn wer nicht weiß, was ihm gefällt, ist in der Tat ein armer Mensch, und wer „Yankee Doodle" kennt, hat keinerlei Entschuldigung dafür, nicht zu wissen, was die andere Melodie ist, oder, soweit das geht, was überhaupt eine andere Melodie ist. Kurz gesagt, ich appelliere auf gemeinsamer Grundlage an eine gemeinsame Sache. Meine einzige Frage ist diese: Wenn es eine Möglichkeit gibt, eine große Anzahl von Menschen mit sehr geringem Aufwand zu interessieren, zu erfreuen und zu erheben, indem man etwas tut, was sie alle gemeinsam tun können und was sie alle in Sympathie miteinander bringt, und wenn das Ergebnis dieser Zusammenarbeit etwas Schönes ist, ist es dann nicht lohnend, es zu tun? Ich beabsichtige, diese Frage so ausführlich zu beantworten, wie es der Platz erlaubt.

Im „Tun" und im „gemeinsamen Tun" liegt der Kern der Sache, denn eine rein äußerliche Verbindung mit der Musik führt nie zu einem vollständigen Verständnis derselben. Es ist keine Übertreibung zu sagen, dass unsere Verbindung mit fast allen künstlerischen Dingen weitgehend äußerlich ist. Wir zeichnen nicht; wir trainieren das Auge nicht zum Sehen oder die Hand zum Fühlen und Berühren, und künstlerische Objekte bleiben uns in gewissem Maße fremd und unverständlich. Die ganze Tendenz des modernen Lebens und der modernen Bildung besteht darin, jene Funktionen zu delegieren, die mit unserem inneren Wesen zu tun haben. Wir delegieren unsere Religion an einen Prediger oder an ein Dogma; wir delegieren unsere Bildung an einen auf ein gemeinsames Niveau gebrachten Lehrplan; einige von uns delegieren sogar die Bildung einer Meinung über aktuelle Ereignisse an einen Führer, der sie uns in einem Kurs über „aktuelle Ereignisse" vorstellt. Die Religion, das Wissen, die Meinung vieler Menschen gehören jemand anderem. Viele Menschen ziehen einen minderwertigen Roman vor, weil der Autor ihn nicht nur schreibt, sondern auch für sie liest, während der Autor für den Weisen fast ein Sekretär genannt werden könnte. Ein wirklich fähiger Autor leistet jedenfalls nie mehr als seinen Teil. Er ist darauf angewiesen, dass wir ihn vervollständigen. Und in ähnlicher Weise müssen wir Musik nutzen, wenn wir sie verstehen und lieben wollen. Der Komponist ist genauso auf uns angewiesen wie der Autor.

Diese äußere Verbindung mit der Musik und dieser Mangel an Vertrautheit mit der Sache selbst führen uns natürlich dazu, die Aufführung der Musik zu betonen. Wir schwelgen in der Technik und verherrlichen die Persönlichkeiten der Spieler und Sänger. In unseren Opernhäusern sind wir nur zufrieden, wenn wir eine „All-Star"-Besetzung haben, von der wir eher Erstaunen als Entzücken und Erheben erwarten. Nun ist guter Gesang als solcher von geringer Bedeutung, außer als Mittel zur Wiedergabe guter Musik. Wenn guter Gesang ein Opfer der musikalischen Wirkung bedeutet; wenn er das *Ensemble zerstört* ; wenn er das Repertoire einschränkt – dann ist er das Opfer nicht wert. Warum sollte er das jemals tun? Einfach, weil die Opernbesucher darunter leiden, und aus keinem anderen Grund der Welt. Man braucht nur ein vernünftiges Opernkonzept zu erwähnen – wie es seit Generationen in französischen, italienischen und deutschen Städten durchgeführt wird –, um von jenen Anhängern ausgelacht zu werden, die jahrelang zu Füßen der Pracht saßen und sich im Glanz von Gold und Juwelen wärmten. So ist es mit Solokonzerten und Orchesterkonzerten. Man hört ständig Leute über die Technik von Pianisten und Geigern oder die relativen Vorzüge unserer verschiedenen Orchester diskutieren. Lokalstolz – das Letzte, was man mit künstlerischem Urteilsvermögen in Verbindung bringen kann – setzt sich zugunsten des einen oder anderen Orchesters durch, bis es fast so scheint, als ob der einzige Zweck eines Orchesters darin bestünde, alle anderen zu übertreffen. Wie oft hören wir im Gegenteil intelligente Diskussionen über die Musik selbst? Kurz gesagt, wir versuchen, stellvertretend musikalisch zu sein, indem wir gelegentlich von anderen Leuten Musik aufführen, die uns größtenteils unbekannt und daher unverständlich ist. Das ist, als ob man versuchen würde, religiös zu sein, indem man einmal pro Woche in die Kirche geht und passiv dasitzt und sich predigen und singen lässt! Die musikalischsten Gemeinden sind nicht jene, in denen die gesamte Musik des Jahres in ein drei- oder viertägiges Festival gedrängt wird, sondern jene, in denen die meiste echte Musik zu Hause gemacht wird. Ein deutsches Musikfestival war früher der Höhepunkt eines ganzen Jahres gesunder musikalischer Aktivität und die Gelegenheit zur Produktion neuer und einer großen Vielfalt alter Werke. Ein englisches oder amerikanisches Festival ist in erster Linie eine Gelegenheit, den „Messias" zu hören, und zweitens, einen berühmten Solisten zu hören. Die Besucherzahl bei diesen beiden Gelegenheiten ist immer viel größer als bei allen anderen. Ist es nicht wahr, dass alle höheren Funktionen der Seele eines Mannes oder einer Frau oder einer Gemeinschaft nur durch Übung erhalten werden können?

Im Folgenden werde ich zu zeigen versuchen, wie wir den Bedingungen entkommen können, in denen wir uns jetzt zu selbstgefällig ausruhen. Das Material für den Wandel ist reichlich vorhanden, denn in jeder Gemeinschaft gibt es viel mehr Liebe zur Musik als je zuvor; die Mittel sind einfach und kostengünstig, denn man braucht nur gute Musik im Wert von ein paar Dollar, einen Raum zum Üben, ein Klavier und einen Leiter. Beginnen wir mit einem aufrichtigen und intimen Verständnis von Musik, indem wir selbst Musik machen. Hören wir auf, andere zu kritisieren, und beginnen wir zu konstruieren. Dann werden wir lernen, Musik so zu sehen, wie sie ist, und sie entsprechend zu schätzen.

II. UNSERE MUSIKALISCHEN AKTIVITÄTEN

Als Vorbereitung auf diese Diskussion bietet es sich an, einen Blick auf den gegenwärtigen Status der Musik unter uns zu werfen und zu sehen, wie nahe wir dieser notwendigen Vertrautheit mit der Kunst kommen.

Der erste Eindruck, den man in jeder kleinen amerikanischen Gemeinschaft von Musik bekommt, ist, dass sie nützlich ist, um Lücken zu schließen. Im Theater, vor öffentlichen Versammlungen, bei gesellschaftlichen Anlässen der einen oder anderen Art wird Musik zu einem unaufhörlichen Gesprächsgesang gespielt oder während Menschen ein- und ausgehen. Die Kunst wird dadurch wie das Knallen der Peitsche, bevor das Team loslegt, oder wie die oberflächlichen Reden und Gesten gesellschaftlicher Anlässe; es ist nichts an sich und fällt in unserer Einschätzung entsprechend. Zwar wird in solchen Zeiten meist nur triviale Musik gespielt, aber das macht die Situation nur noch schlimmer, weil sie schließlich als Musik durchgeht. Ein schlechtes Musikstück im Theater oder beim Essen im Restaurant ist lediglich ein Ärgernis; ein gutes Stück scheitert an der Flut von Gesprächen, klingelnden Gläsern und anderen Störungen und geht verloren; man hat das Gefühl, der Komponist sei beleidigt worden. All diese Begleitmusik muss teilweise auf den Rückgang der Konversation zurückzuführen sein. Wir sind von jeder Verantwortung entbunden, bis auf ein gelegentliches „Ja" oder „Nein", das den Lärm übertönt.

Echte musikalische Aktivitäten in einer durchschnittlichen kleinen Gemeinde beschränken sich auf eine sehr kleine Zahl ihrer Einwohner. Nur wenige Menschen singen; eine noch geringere Zahl spielt ein Musikinstrument. Es gibt hier und da Chöre, die aus freiwilligen Sängern bestehen, aber der Geist, der die alten Chöre beseelte – der Geist, den Hardy in „Under the Greenwood Tree" so liebevoll zelebriert hat – ist verschwunden. Das Singen von Kirchenliedern ist oft erschreckend schlecht, und das aus gutem Grund, da die Komponisten moderner Kirchenlieder selten die Bedürfnisse und Wünsche der Gemeinde berücksichtigen. Wir haben die Kirchenmusik an bezahlte Sänger delegiert, und unsere Kirchenmusik wird zu einem kaum verhüllten Konzert oder, wenn das wirklich abscheuliche Vokalquartett die Musik liefert, zu einem echten Konzert.

Was waren das für Tage, als der alte William Dewey und Dicky sowie Reuben und Michael Mail in der Mellstock-Kirche spielten! Was für einen schönen persönlichen Charakter hatte diese Musik! Wie gern sie spielten – diese einfachen Landsleute, und wie innig war die Beziehung zwischen ihrer Musik und den Menschen und dem Ort! Lesen Sie die ersten Kapitel von „Under the Greenwood Tree" und lauschen Sie den hitzigen Diskussionen zwischen den Spielern, bevor sie auf ihre Weihnachtstour gehen. „„Sie hätten wie wir an den Saiten festhalten, die Klarinetten fernhalten und die Schlangen abschaffen sollen. „Wenn du in der Musikreligion Erfolg haben möchtest, bleib bei den Streichinstrumenten", sagt ich. ... „Aber es gibt schlimmere Dinge als Schlangen", sagte Mr. Penny. „Alte Dinge vergehen, das ist wahr; aber eine Schlange war eine gute alte Note; eine tiefe, satte Note war die Schlange.' ... „Robert Penny, du hattest recht!" brach der älteste Dewey ein. „Sie hätten an Bedingungen festhalten sollen." „Dein Messingmann ist ein Rafting-Hund – schön und gut; Euer Schilfrohrmann ist ein Meister darin, euch aufzurütteln – schön und gut; Ihr Schlagzeuger ist ein seltener Darmschüttler – wieder gut. Aber es ist mir egal, wer mich das sagen hört, nichts wird dein Herz so ansprechen wie die Sanftheit des Streichers.""

Im Vorwort zu seinem Buch spricht Hardy davon, welchen Vorteil es für die damaligen Dorfkirchen hatte, diese freiwilligen Musiker und Sänger zu haben, und wie ihre Verdrängung durch das Harmonium mit seinem einzigen Spieler dazu tendierte, „die erklärten Ziele des Klerus zu verdummen." Die direkte Folge ist, dass das Interesse der Gemeindemitglieder an kirchlichen Aktivitäten eingeschränkt und ausgelöscht wird." Das gilt auch heute noch für unsere eigenen Dorfkirchen, denn für uns ist Musik eher ein Mittel, den Kirchgänger zu unterhalten, als sein Interesse für den Gottesdienst zu wecken.

Frauenclubs bieten kleinen Gemeinden eine gewisse Art von Musikleben. Sie fördern die Aufführung recht vielfältiger Programme von Klavierstücken und Liedern durch die Mitglieder, mit gelegentlichem Konzert eines bezahlten Interpreten aus dem Ausland, und stellen manchmal eine Studie über einen Komponisten oder eine Musikepoche dar. Viele von ihnen verlieren die einzig mögliche Möglichkeit aus den Augen, das Musikleben ihrer eigenen Mitglieder und der Gemeinschaft insgesamt maßgeblich zu beeinflussen.

In einigen der Gemeinden, über die ich schreibe, gibt es Gesangsvereine. In sehr wenigen gibt es eine gut funktionierende und kontinuierliche Chororganisation, die Jahr für Jahr Konzerte gibt und dabei von der breiten Öffentlichkeit unterstützt wird. Die Geschichte des Chorgesangs in Amerika zeigt ein ständiges Bestreben, grandiose Ergebnisse zu erzielen, anstatt die Liebe zum Chorgesang für sich selbst zu fördern. Gesangsvereine scheitern ständig an den Kosten hochbezahlter Solisten und streben ständig nach etwas, das außerhalb ihrer Reichweite liegt.

Diese Aussage wäre nicht vollständig, wenn wir die Instrumente weglassen würden, die sich selbst spielen. Die pädagogischen Möglichkeiten dieser Instrumente wurden nicht ausgeschöpft, da sie hauptsächlich der Unterhaltung dienen. Trotz der außergewöhnlichen Auswahl an Musik, die man in den Häusern der Menschen findet, und trotz der scheinbar unverbesserlichen Neigung, Gesang statt Musik zu hören – ich meine den übertriebenen und grotesken Gesang bestimmter berühmter Leute, denen es vor allem um Sensation geht – das Graphophon, das den praktischen Vorteil hat, tragbar und kostengünstig zu sein – es hat so manches einsame Bauernhaus verwandelt – und die mechanischen Klavierspieler sind so beliebt geworden, dass man nur zu dem Schluss kommen kann, dass es eine Vielzahl von Menschen gibt, die danach verlangen Musik war noch nie zuvor zufrieden. Könnte dieser Wunsch in geeignete Kanäle umgewandelt werden? dass diese Instrumente systematisch eingesetzt werden könnten, um Geschmack und Verständnis für großartige Musik zu entwickeln. Die meisten Menschen, die sie nutzen, wissen nicht, was sie kaufen sollen. Wenn sie die beste Musik hören könnten, wäre ihre Treue wahrscheinlich gesichert. Wie viele Eltern denken jemals an die ihnen auferlegte Verantwortung, den Musikgeschmack ihrer Kinder durch eine sorgfältige Überwachung der mit diesen Instrumenten verwendeten Schallplatten oder Rollen zu bewahren oder zu verbessern?

Damit ist die Liste unserer persönlichen Aktivitäten in der Musik abgeschlossen. Und wir müssen zugeben, dass der entmutigendste Punkt von allen am Ende kommt. Denn wir machen selbst wenig Musik, an unseren eigenen Kaminen, dort, wo alle guten Dinge beginnen sollten und wo wir die Gemeinschaft im Embryo finden sollten. Was für ein entzückendes Element im Familienleben ist das Zusammenkommen von Jung und Alt zum gemeinsamen Singen! Wie wenige Familien pflegen diesen Brauch! Wie wenige Eltern, ob sie sich nun darum kümmern oder nicht, sind sich darüber im Klaren, dass ihre Kinder Freude daran haben würden und dass es ihnen helfen würde! Warum sollten solche Eltern nicht sofort anfangen und von ihren Kindern ermutigt oder sogar unterrichtet werden, bis alle herzlich und gut gemeinsam singen können? Lohnt es sich nicht, den musikalischen Sinn der Kinder zu bewahren, damit sie in Ihrem Alter nicht so hilflos sind wie Sie? Sind Sie damit zufrieden, dass die Musik Ihres Kindes nur außer Haus gekauft und bezahlt wird? Wie können Sie erwarten, dass es unter solchen Bedingungen gedeiht? Lassen Sie sich bei Bedarf von den Kindern unterrichten. Kopieren Sie sie, lernen Sie ihre Lieder nach Gehör und finden Sie heraus, was Musik wirklich ist!

Diese etwas dürftige Darstellung musikalischer Aktivität spiegelt jedoch nicht vollständig unsere Verbindung zur Kunst wider, denn fast alle Gemeinden außer den kleinsten geben beträchtliche Summen für Konzerte bezahlter Künstler aus dem Ausland aus. Aber es ist zweifellos wahr, dass die Mehrheit der Menschen in jeder kleinen Gemeinde außer bei gelegentlichen Konzerten nur sehr wenig echte Musik hört, und wenn eine schöne Komposition aufgeführt wird, hören sie sie selten noch einmal, so dass es für sie offensichtlich unmöglich ist, sie zu verstehen. In Städten mit fünf- bis zwanzigtausend Einwohnern im ganzen Land gibt es nur ein sehr geringes Bewusstsein dafür, was Musik wirklich ist. Gelegentlich treten hochbezahlte Künstler auf, und der Lokalstolz setzt sich durch, um ihnen die Bewunderung zu verschaffen, an die sie gewöhnt sind, aber echte musikalische Aktivität oder musikalisches Gefühl ist auf wenige beschränkt.

In großen Gemeinden sind diese Bedingungen doppelt und sogar übertrieben. Dort wird fast die gesamte Musik gekauft und bezahlt, nur sehr wenig ist selbst gemacht. Fast alle Chöre bestehen aus bezahlten Sängern. In Städten wie auf dem Land haben Gesangsvereine Schwierigkeiten, Männer zu finden, denen das Singen genug am Herzen liegt, um an den Proben teilzunehmen. Auch dort gehen Kinder ihre Runden im „Musik"-Unterricht. Die einzige Möglichkeit, den Zustand der Musik in unseren Städten einzuschätzen, besteht darin, die Bevölkerung als Ganzes zu betrachten. Wenn man die Anzahl der schönen Konzerte in angesagten Sälen zusammenzählt, kommt man zu keinen aussagekräftigen Schlussfolgerungen. Singen wir zu Hause oder wenn wir uns freundschaftlich unterhalten? Gibt es in Städten kleine Zentren, in denen man gute Musik hören kann? Gibt es gute Musik, die auch für Menschen mit geringen Mitteln erreichbar ist? Der Millionär erfreut seine Freunde mit dem Spiel seines privaten Organisten (in Anlehnung an die alten Kunstmäzene, aber im Allgemeinen ohne die Liebe und das Verständnis für Musik, die die einzige Rechtfertigung für das

Vorgehen darstellten), wohl aber den Bewohner der bescheidenen Wohnung
Haben Sie jemals die Gelegenheit gehabt, gute Musik zu hören? Dies sind
Fragen, die wir stellen müssen, wenn wir den Zustand der Musik in unseren
großartigen Städten einschätzen wollen. Ist all diese großartige Musik nicht,
wie ich bereits sagte, lediglich eine Großzügigkeit unseres Wohlstands?

Die grandioseste und unzusammenhängendste Form unserer musikalischen
Tätigkeit ist die Oper. Und wenn wir die Liebe zum Theater bedenken, die
in fast jeder kleinen Gemeinschaft eines Theaterclubs zum Ausdruck kommt,
können wir nicht umhin, die fast völlige Loslösung der Oper von unseren
natürlichen Gedanken, Gefühlen und Instinkten zu bedauern. An dieser
Distanzierung besteht überhaupt kein Zweifel; Der gesamte Plan
amerikanischer Opernproduktionen ist exotisch, aristokratisch und exklusiv.

Es ist durchaus wahr, dass wir unseren musikalischen Status kontinuierlich
verbessern. Die Wirkung all unserer schönen Musik lässt sich tatsächlich
beobachten, aber unser Fortschritt ist unbestreitbar langsam, besonders
wenn wir uns daran erinnern, mit welch liberaler Ausstattung wir beginnen.
Diese Ausstattung ist kaum geringer als die, die andere Völker besitzen.
Unsere Kinder sind musikalisch, und es gibt keinen Grund, warum wir das
nicht tun sollten. Darüber hinaus scheint uns der Idealismus, der sich durch
das amerikanische Leben zieht, so naiv er auch sein mag, besonders dazu zu
qualifizieren, Musik zu lieben und zu verstehen.

III. WAS WIR TUN KÖNNTEN

Ich habe in einem früheren Kapitel einige unserer Bedürfnisse in Bezug auf
die musikalische Ausbildung von Kindern angesprochen. Das Problem, vor
dem ich jetzt stehe, ist, wie ich amerikanische Männer und Frauen dazu
bewegen kann, aktiv an der Musik mitzuwirken. Es ist offensichtlich, dass es
nur einen Weg gibt, dies zu tun, und zwar durch Singen. Nur eine
verschwindend kleine Anzahl von Menschen kann Musikinstrumente
spielen, aber fast jeder kann singen. Das Spielen erfordert ständiges Üben.
Beim Singen in Gruppen ist dies nicht der Fall. In ihrem richtigen Zustand
sollte jeder Mann und jede Frau singen.

Mein dringender Appell zum Singen bedeutet nicht, dass sich jedes Dorf,
jede Stadt oder jedes Städtchen in eine riesige Gesangsgesellschaft
verwandeln sollte. Manche Menschen singen besser als andere und haben
mehr Freude daran oder mehr Zeit dafür. Aber es gibt ständig Gelegenheiten
für große Gruppen von Menschen zu singen – in der Kirche, am Memorial
Day, zu Weihnachten, bei patriotischen Versammlungen oder bei
Einweihungen. Nichts ist bei solchen Gelegenheiten auffälliger als das völlige
Fehlen jeglicher Möglichkeit, spontan das auszudrücken, was im Bewusstsein
aller liegt und nicht delegiert werden kann. Was für ein großartiger Ausdruck
der Hingabe, des Gedenkens, der Hingabe, der heiligen Liebe für diejenigen,

die in unserem Bürgerkrieg starben, wären tausend Stimmen, die sich zu einem großen, ewigen Gedenklied erheben würden! Was tun wir? Wir engagieren eine Blaskapelle, die für uns patriotisch, fromm und gedenkvoll ist. Dies trübt unweigerlich unseren Patriotismus und unsere Hingabe. Um zu leben, müssen sie in irgendeiner Art persönlichen Ausdrucks entspringen. In einem Dorf, das ich gut kenne, trübt dieser Brauch die sonst sehr eindrucksvolle Feier des Memorial Day. Das „Zapfenstreich" an den Soldatengräbern in ihren stillen Ruhestätten, das Dröhnen der Kleinwaffen, die lange Prozession der Dorfbewohner, das Aufrufen der kleinen Soldatentruppe, die vor einem halben Jahrhundert von diesem Dorfplatz aufbrach, mit nur gelegentlich einem schwachen „Hier" von den wenigen Überlebenden, das Einholen der Flagge auf dem Platz, wobei alle ihre Köpfe unbedeckt lassen und alle Augen nach oben richten — all das macht die Zeremonie schön und unvergesslich. Um sie zu vervollständigen, braucht es nur noch eine aktive Ausdrucksform von jedem Einzelnen, wie sie etwa durch Gesang geschaffen werden kann.

„Ich weiß nicht, an welchem Punkt ihres Marschs oder wie lange, aber es war die Kolonne, die ihm am nächsten stand und die die erste Linie bilden soll, dass der König, vom Wind getragen inmitten ihrer Feldmusik, als sie dorthin marschierten, den Klang von Psalmen hörte – die vielstimmige Melodie eines ihm wohlbekannten Kirchenliedes, das, begleitet von einer Kapelle, unter diesen sonst schweigsamen Männern ausgebrochen war." So berichtet Carlyle in „Friedrich der Große" vom Marsch Friedrichs und seiner Armee vor der Schlacht bei Leuthen. „Denken Sie nicht, dass ich mit Männern wie diesen heute den Sieg davontragen werde?", sagt Friedrich. Ist ein solches Singen nicht etwas Wunderbares? Diese Soldaten, mit einer gemeinsamen Hingabe an die Pflicht und einer gemeinsamen Verachtung des Todes, senden aus tiefster Seele ein Lied in einen kaum empfundenen Himmel. Wie sonst hätten sie die Gedanken und Gefühle ausdrücken können, die in ihren kräftigen Brüsten nach Ausdruck verlangt haben müssen? Ihre Körper marschierten in die Schlacht. Was war mit ihren Seelen? Soll ihr Geist auf dem Weg in den Tod schlummern?

Und wir? Wir schauen aus der Ferne zu; wir sind stumm; wir schauen dieser zutiefst bewegenden Zeremonie zu, diesem einfachen Schauspiel, und sagen nichts darüber, was wir fühlen und was wir sind. Warum singen wir nicht? Liegt es nicht zum Teil an diesem Selbstbewusstsein, das wie ein Leichentuch um uns hängt, und zum Teil daran, dass uns das Singen nie so sehr ans Herz gelegt wurde, dass wir es weiterverfolgen würden? Die erste Schwierigkeit könnten wir leicht genug überwinden, wenn sich ständig die richtige Gelegenheit böte. Auch die zweite würde verschwinden, wenn sich eine Gelegenheit ergibt, bei der wir etwas singen könnten, das es wert ist, gesungen zu werden. „The Star-Spangled Banner" ist ein Kerzenlöscher für die Flamme des patriotischen Gefühls; nie gab es eine Melodie, die für diesen Zweck ungeeigneter war. Da wir fast keine einheimischen Nationalmelodien haben, warum sollten wir dann nicht die alten Lieder, Choräle und Hymnen singen, die alle Arten nationaler Veränderungen überdauert haben und jedem Volk gehören? Die Melodie für „Amerika" ist weder eine amerikanische Melodie, noch ist sie englisch. Sie stammt aus Sachsen. Dieser Musik steht kein Nationalismus im Wege, denn sie spricht elementar und universell. Es gibt Dutzende schöner Melodien, die wir gut gebrauchen könnten.

Der einzige Ort, an dem das Singen gefördert werden könnte, ist die Kirche. Aber wenn die Gläubigen gebeten werden, ein Lied zu singen, das für sie zu hoch ist, zu schnell geht oder voll von ungewohnten und schwierigen Abläufen in Melodie und Harmonie ist, was kann man da anders erwarten als schlechtes Singen und allmähliches Verlassen des Liedes aller Musik zu einem bezahlten Chor? Der eigentliche Zweck der Hymnenmelodie ist verloren gegangen. Es sollte den Bedürfnissen aller Menschen dienen, und um dies zu erreichen, musste es sowohl in der Melodie als auch in der Harmonie einfach sein und in der Reichweite jedes Mannes, jeder Frau und jedes Kindes in der Gemeinde liegen. Die kräftigen alten Hymnen und Chöre unserer Vorfahren waren so. Nichts ist in der Kirchenmusik schöner als ein guter unisono Gesang, an dem jeder teilnimmt. Kein geschickter Chorgesang kann jemals seinen Platz einnehmen.

Sogar die Art, Kirchenlieder zu singen, hat sich geändert. Viele von ihnen werden in einem Tempo heruntergesungen, das die eine Hälfte der Gemeinde zurücklässt und die andere Hälfte völlig in den Schatten stellt! In vielen der alten Kirchenlieder gibt es am Ende jeder Zeile eine Pause, während der die Gemeindemitglieder ausreichend Gelegenheit hatten, Luft zu holen. Sogar diese Pausen wurden oft gestrichen, wodurch der Sinn der Musik zerstört und die musikalischen und religiösen Bestrebungen der Gemeinde noch kühler dargestellt wurden. (Wenn der Platz es erlaubt, möchte ich hier auf die Entstehung einiger dieser alten Melodien eingehen. Sie waren tief im gemeinsamen Leben unserer Vorfahren verwurzelt und trugen keinen Anflug von Selbstbewusstsein in sich. Aus dem Boden entsprungen, überlebten sie alle Veränderungen von Dogma und Brauchtum. Und sie werden überleben. Wir werden auf sie zurückkommen, wenn wir unseren gegenwärtigen Anfall von Schönheit überstanden haben.)

Der Rückgang des Kirchengesangs ist offensichtlich genug. Außer in Kirchen, in denen die Liturgie die Ambitionen des Chors einschränkt, ist fast alles möglich; und selbst unter dieser Einschränkung gibt es eine ständige Tendenz zur Schaustellung. Was ist die Aufgabe der Kirchenmusik? Soll sie die Gemeinde in Erstaunen versetzen oder erfreuen? Soll sie ihnen ein geistliches Konzert oder schönen Gesang bieten? Soll sie sie von der Situation ablenken, in der sie sich befinden? Soll sie die Wirkung einer langweiligen Predigt abmildern oder die Wirkung einer guten zunichtemachen? Soll sie als Köder dienen, um den unvorsichtigen Kirchgänger zu fangen, oder als Mittel, um den Unentschlossenen in der Gemeinde zu halten? Oder soll sie Frömmigkeit und religiöse Gefühle hervorrufen, den Moment heilig und ungestört halten? Wenn der Chor allein singen soll, warum sollten wir dann von ihm Schaustücke oder Arrangements aus weltlicher Musik oder alberne „geistliche" Lieder, die mit üppiger Empfindsamkeit überladen sind, oder Hymnen einer bestimmten fließenden Art akzeptieren, die von jedem komponiert wurden, der viele Noten in angenehmer Reihenfolge zusammenfügen kann? Warum sollten wir das Solo im Opernstil oder verachtenswerte Soloquartettmusik tolerieren, die (und kaum) für den Abschluss eines kommerziellen „Banketts" geeignet ist? Steckt also keine Realität hinter der Kirchenmusik? Ist es einfach irgendeine Musik, die auf geistliche Worte gesetzt wurde? Wer jemals Kunst studiert hat, weiß, dass dies nicht wahr sein kann. Die beste Kirchenmusik – deren größte Vertreter Palestrina und Bach sind – basiert auf mehr als einer beiläufigen Verbindung mit geistlichen Worten. In den protestantischen Kirchen unserer Städte ist die Musik größtenteils modernen englischen Quellen entnommen, und ich betrachte dies als Hindernis für unseren Fortschritt. Seit der zweiten Hälfte des 19. Jahrhunderts wird die englische Kirchenmusik von einer Schule von Komponisten dominiert, deren Musik bezaubernd, hübsch, melodisch oder was auch immer ist, aber weder tiefgründig noch fromm. Fast alle unsere Organisten sind musikalisch englischer Abstammung, aber sie behandeln ihre Vorfahren mit wenig Respekt. Es ist überhaupt nicht schwierig, gute Musik für Chöre zu beschaffen. In jedem Musikalienladen gibt es ein Angebot für Sologesang oder Chor, für kleine oder große Chöre. Es gibt ein Dutzend großartiger Komponisten, deren Musik in den meisten amerikanischen Kirchen nie zu hören ist; Komponisten wie Palestrina, Vittoria und andere aus der großen Zeit der Kirchenmusik; oder Bach oder Gibbons, Byrd und Purcell, deren Musik im wahren Idiom gehalten ist, einem Idiom, das heute fast völlig verloren ist; oder John Goss, Samuel Wesley und Thomas Attwood im frühen 19. Jahrhundert, bevor der Niedergang richtig begonnen hatte. Die früheste dieser Musik ist für Stimmen ohne Begleitung geschrieben und daher für jeden außer einem gut ausgebildeten Chor zu schwierig; aber es gibt viele einfache Hymnen mit Orgelbegleitung von den oben genannten frühen englischen Komponisten, und es gibt eine gewisse Anzahl von Bachs Motetten, die für Chöre mit durchschnittlichen Fähigkeiten geeignet sind.

Lassen Sie mich „O Thou, the central orb" von Gibbons als Beispiel für eine schöne Hymne im alten Stil und „Oh, Saviour of the World" von Goss als Beispiel für den einfacheren und späteren Typ erwähnen. Dies sind schöne, einfache und würdevolle Hymnen, die für Stadt- oder Landchöre geeignet sind. Wenn der Stadtchorleiter eine Zeit lang den Versuch aufgibt, der

Gemeinde brillante Musik zu bieten, die sich vor allem durch ihre Extravaganz in der Technik und ihre eindrucksvollen Effekte auszeichnet, werden seine Zuhörer vielleicht in den Zustand stiller Hingabe zurückkehren können, den die Stadtchorleiter für eine Zeit lang aufgegeben haben Rest des Dienstes hat induziert. Viele Chorleiter würden zweifellos gerne einfachere und andächtigere Musik verwenden, werden jedoch daran gehindert, weil sie das Gewicht der Meinung und des Geschmacks der Gemeinde und vielleicht auch des Predigers spüren. Jeder, unabhängig von seinen Qualifikationen, fühlt sich frei, die Musik, die er in der Kirche hört, zu kritisieren.

Überall in den Vereinigten Staaten gibt es zahlreiche Gesellschafts- und Musikclubs für Frauen. In praktischer Hinsicht sind sie oft nützlich, aber ihr Kontakt mit künstlerischen Angelegenheiten ist im Gegenteil oft wirkungslos. Sie bieten ihren Mitgliedern kontinuierliche Schlucke an verschiedenen Quellen an, aber keinen tiefen Schluck an einer. Wenn einem durchschnittlichen Mitglied eines Frauenclubs in irgendetwas geholfen werden soll, muss ihm von der Position aus geholfen werden, in der es sich gerade befindet. und das gilt insbesondere für die Musik. Aber sie wird aus ihrer natürlichen Umgebung gerissen und gebeten, sich beispielsweise ein Konzert mit moderner französischer Musik anzuhören, von der nicht eine einzige Note ihrer Intelligenz oder ihren Gefühlen entspricht. Die Leidenschaft für das Letzte in der Musik ohne Kenntnis des Ersten ist für jeden tödlich. Und wenn man die enorme Mitgliederzahl der Frauenclubs in diesem Land bedenkt, kann man sich nur wünschen, dass mehr Anstrengungen unternommen würden, um dem Einzelnen zu helfen, einfach und natürlich Schritt für Schritt voranzukommen. Es ist nicht zu erwarten, dass die durchschnittliche Frau, deren Zeit höchstwahrscheinlich mit häuslichen Sorgen beschäftigt ist, sich ausführlich mit Musik beschäftigt; aber es ist möglich, ihr die Gelegenheit zu geben, ein paar einfache, gute Kompositionen zu hören und sie mehrmals während einer Saison zu hören, damit sie sie verstehen lernt. Die erfahreneren und fortgeschritteneren Mitglieder von Frauenclubs neigen dazu, in diesen Angelegenheiten zu dominieren und die Bedürfnisse der anderen zu vergessen, und es wird sicherlich ein paar seltene Seelen geben, die ganz in der erlesenen Atmosphäre der allerneuesten Musik verweilen die auf die allgemeine Ignoranz der Masse herabblicken. Einige Frauenclubs bieten nur die Leistungen großartiger Spielerinnen oder Sängerinnen an und sind stolz auf ihre Listen mit Prominenten, wobei sie allzu leicht die fein abgestimmten Maßstäbe vergessen, die gleiches Gewicht *in Form von Sachleistungen erfordern* . Wenn ein Frauenclub in einer kleinen Stadt (oder auch in einer großen Stadt) für den Moment auf Klavier- und Gesangsaufführungen der neuesten Musik verzichten und stattdessen ein wenig Zeit damit verbringen sollte, einstimmig einige schöne alte Lieder zu singen Lieder, bei denen jeder mitmachen konnte, wäre ein fairer Anfang gemacht. Ich versuche nicht, die musikalischen Fähigkeiten dieser Clubs herabzusetzen, noch verurteile ich fachmännische Darbietungen; Ich spreche lediglich für die durchschnittliche Frau, die kaum Gelegenheit zu musikalischer Ausbildung oder musikalischer Erfahrung hatte und bei der Durchführung von Clubprogrammen normalerweise weit zurückbleibt, die jedoch in der Lage ist, Musik zu verstehen, wenn sie ihr auf die richtige Art und Weise nahegebracht wird. Bitten Sie sie, mit Ihnen zu singen, und sie wird in die Herde aufgenommen, anstatt blindlings draußen zu verirren. Jedes Treffen eines Frauenclubs (warum qualifiziert? – egal in welchem Club, außer vielleicht einem Einbrecherclub, wo Stille wünschenswert wäre) sollte mit einem herzlichen Lied beginnen. Schritt für Schritt – kein gewaltsamer Sprung in schwindelerregende Höhe; wir können nicht durch die Kraft unseres Strebens musikalisch werden, auch wenn es ganz aufrichtig ist; Die Natur fordert von uns unerbittlich das gleiche langsame Wachstum, das sie selbst bewirkt. Es gibt kein Morgen.

Wenn sich alle Menschen in einer Gemeinschaft zu geeigneten Zeiten und Jahreszeiten durch Gesang ausdrücken würden, würde sich daraus natürlich ergeben, dass sich eine beträchtliche Anzahl von ihnen zu einer Gesangsgesellschaft zusammenschließen würde. Diese Gesellschaft würde den Wunsch der Gemeinschaft befriedigen, Musik zu hören, die nur nach beträchtlicher Übung aufgeführt werden kann. Ich kann die Verbindung zwischen der Gemeinschaft und der Gesangsgesellschaft nicht genug betonen. Letzteres sollte die Antwort auf den Wunsch der Gemeinschaft sein und kein Spektakel sein – wenn ich meine Metaphern in diesem Ausmaß vermischen darf.

IV. EIN EXPERIMENT

Ich lebe in einer Stadt mit etwa sechstausend Einwohnern, die in etwa der Beschreibung am Anfang dieses Artikels entspricht. Vor etwa dreißig Jahren gab es an diesem Ort einen Gesangsverein, doch seitdem gibt es nur noch wenig Chorgesang. Vor zwei Jahren habe ich etwa dreißig Leute gebeten, zusammenzukommen, um Chorgesang zu üben. Ich erklärte dann, dass ich sie gerne ausbilden würde, wenn sie zwei Bedingungen zustimmen würden: erstens, dass wir nur die allerbeste Musik singen sollten, und zweitens, dass unsere Konzerte für die Stadtbewohner kostenlos sein sollten. Diesen Bedingungen wurde sofort zugestimmt und wir begannen mit den Proben. Wir fanden es möglich, die größte Kirche mit einer guten Orgel zu nutzen, und wir fanden vier Leute, die Geige spielten, und zwei Leute, die Violoncello spielten. Unser kleines Orchester wuchs schließlich, bis wir etwa acht oder zehn Streicher hatten. Wir haben uns Pauken ausgeliehen und einer unserer Enthusiasten hat gelernt, darauf zu spielen.

Wir haben drei Konzerte gegeben, bei denen die Kirche jeweils mehr als gefüllt war – sie bietet Platz für etwa sechshundert Menschen. Unsere Programme enthielten Brahms' „Schicksalslied" und Teile seines „Requiems", Bachs Motette „Ich ringe und bete", Arien aus dem „St. Matthäus-Passion" und ähnliche Kompositionen. Unsere Solisten waren Mitglieder unseres Chors und hatten kaum Erfahrung mit der Musik, die wir gesungen haben, aber mit einem tiefen Gespür dafür, das durch kontinuierliches Üben entstanden ist. Die Stadtbewohner, die gekommen sind, um unsere Musik zu hören, haben einen gewissen Beweis für eine Tatsache geliefert, von der ich seit vielen Jahren weiß, dass sie wahr ist, nämlich dass, wenn Menschen die Möglichkeit haben, eine großartige Komposition gründlich zu kennen, dies ausnahmslos ihre völlige Treue sichert. Deshalb haben wir unsere Aufführung dieser verschiedenen Werke wiederholt und manchmal ein Stück zweimal im selben Konzert gesungen. Wir haben zum Beispiel das „Schicksalslied" dreimal in zwei Jahren aufgeführt und sowohl Sänger als auch Publikum waren vollkommen überzeugt.

Unser Gesangsverein wird durch die Zahlung von jeweils fünfzig Cent von jedem Mitglied unterstützt, der sich beteiligen möchte. Wir geben jährlich zwei öffentliche Konzerte, bei denen 600 Menschen die schönste Chormusik hören können, was uns insgesamt etwa 75 Dollar pro Jahr kostet. Jeder, der an diesem Projekt beteiligt ist, bietet seine Dienste kostenlos an. Unsere Konzerte finden Sonntagnachmittags statt. Beim letzten habe ich ein interessantes Experiment gemacht. Bachs Motet „Ich ringe und bete" basiert, wie es bei seinen Chorstücken üblich ist, auf einem Choral, der von den Sopranistinnen unisono gesungen wird, mit blumigen Kontrapunkten in den anderen Stimmen. Am Ende wird der Choral in seiner Originalform aufgeführt, damit die Gemeinde mitsingen kann. Es war für uns ein Leichtes, 600 Kopien dieses Chorals vervielfältigen zu lassen, und diese wurden in den Kirchenbänken verteilt. Das Ergebnis war für jemanden, der in unseren Kirchen den schwachen Gesang noch schwächerer Kirchenlieder gehört hatte, geradezu elektrisierend. Als der Motett zum zweiten Mal gesungen wurde – wir führten ihn zu Beginn und am Ende dieses Konzerts auf – stimmten fast alle mit ein, und die Echos rollten wie nie zuvor in dieser Kirche. Warum? Diese gleichen Leute senden jeden Sonntagmorgen in ihren verschiedenen Kirchen schwache, schüchterne, unkoordinierte, leicht verstimmte Töne aus. Ist es ein Wunder, dass sie lustvoll zusammen singen? Keineswegs. Ihnen wurde lediglich eine Gelegenheit geboten, das zu tun, wozu sie alle durchaus in der Lage sind, nämlich einen für sie geeigneten Choral zu singen. Dieser Choral hat einen Tonumfang von nur fünf Tönen – von f bis c ; er ist weitgehend diatonisch, geht Schritt für Schritt der Tonleiter voran und ist edel und inspirierend. Wie oft hatte sich ihnen zuvor eine solche Gelegenheit geboten? Warum nicht?

Die Mitglieder unseres Chors sind solche Leute, wie man sie in den meisten amerikanischen Städten gleicher Größe finden würde. Vielleicht haben wir mit unseren Solosängern und unserem Orchester mehr Glück als sonst. Ich glaube, der Hauptgrund, warum ein Projekt wie dieses vielerorts schwierig sein könnte, liegt darin, dass es möglicherweise nicht möglich ist, einen Leiter zu finden, der sich mehr für Bach und Brahms interessiert als für kleinere Komponisten. Das technische Problem ist nicht extrem, aber der Leiter muss uneingeschränkt an die beste Musik glauben und nichts weniger dulden. In dem Moment, in dem diese letzte Bedingung entfällt, wird auch der Chorgesang erlöschen – wie er es verdient hätte.

Es gibt viele kleine Gemeinden, in denen gelegentlich große Chorkonzerte stattfinden. Große Anstrengungen und große Kosten werden nicht gescheut. Mehrere hundert Stimmen, ein engagiertes Orchester und engagierte Solisten machen die Veranstaltung bemerkenswert. Doch die dargebotene Musik hat einen solchen Charakter, dass niemand sie noch einmal hören möchte; weder die Sänger, die es üben, noch das Publikum, das ihm zuhört, sind berührt oder erhoben. In einigen Bundesstaaten des Mittleren Westens gab es sogar systematische Bemühungen, Gemeinschaftssingen zu etablieren. Die Wirkung solcher Bemühungen hängt dort wie hier von der Art der Musik ab, die man singen soll, denn das ist der Kern der ganzen Sache. Kein Fortschritt in der Musik oder in irgendetwas anderem kann ohne ständiges Streben nach dem Allerbesten erwartet werden. Und man kann durchaus sagen, dass die meisten dieser Bemühungen durch das Fehlen eines wirklich hohen Standards zunichte gemacht werden. Abschließend möchte ich sagen, dass ein Konzert mit guter Musik eines örtlichen Gesangsvereins für die Menschen jeder Gemeinde immens wertvoller ist als eine bezahlte Musikvorführung von Künstlern aus dem Ausland, die fünfmal so viel Geld kostet.

V. MUSIK ALS SOZIALE KRAFT

Lassen wir diese tatsächliche Erfahrung und ihre Auswirkungen auf die Gemeinschaft hinter uns und fragen wir uns, was dieses Singen für die Menschen bedeutet, die es tun. Erstens lässt es etwas in ihnen artikulieren, das niemals in Worten oder Taten zum Ausdruck kommt. Zweitens ermöglicht es ihnen, Schönheit zu schaffen, anstatt außerhalb davon zu stehen. Oder um es noch genauer zu sagen: Es vermittelt ihnen nicht nur eine innige Vertrautheit mit einigen großartigen Kompositionen, sondern gewöhnt sie auch an die Technik, mit der sich Musik ausdrückt. Sie lernen, melodische Linien zu bilden, einen Ton hinzuzufügen, der den gesamten Charakter eines Akkords verändert; sie lernen, wie Themen zueinander in Beziehung gesetzt werden; Durch den Umgang mit ihnen kommen sie in engen Kontakt mit den tatsächlichen Materialien der Kunst. Wir müssen nicht sagen, dass dies der Schlüssel zum Wissen und Verstehen von irgendetwas ist. Sie können das Leben, die Liebe, den Hass, die Objekte und die Ideen erst dann verstehen, wenn Sie sich selbst damit auseinandergesetzt haben. Singen hat den tiefgreifenden psychologischen Vorteil, dass es die Liebe zur Schönheit, die normalerweise völlig passiv ist, aktiv zum Ausdruck bringt.

Der Künstler hat zwei Funktionen: Er zeichnet oder malt oder modelliert; er verwendet Sprache oder Laute. Dies umfasst seine Technik. Er besitzt aber auch eine fantasievolle Wahrnehmung. Nichts ist sicherer, als dass unser Verständnis dessen, was er tut, in Form von Sachleistungen erfolgen muss. Wir lernen seine Technik durch die tatsächliche Erfahrung zu verstehen. So lernen wir auch, durch die Ausübung derselben Fähigkeiten, die er nutzt, in die höheren Qualitäten seiner Kunst einzudringen. Unsere Gefühle, unser Verstand und unsere Vorstellungskraft müssen ein Spiegelbild von ihm wie in einem Spiegel annehmen. Wenn das Glas unscharf ist oder der Reflexionswinkel verzerrt ist, können wir das Bild nicht in seiner Vollkommenheit sehen. Das Licht kommt von uns, wir wissen nicht woher.

Jeder Leser dieser Worte möge sich fragen, ob die darin enthaltene Aussage über die Qualitäten der Musik und unsere Beziehung zu ihr nicht mit gleicher Kraft auf sein eigenes Geschäft oder seinen eigenen Beruf übertragen werden könnte. Basiert sein Verständnis dieses Geschäfts oder Berufes nicht auf diesen beiden wesentlichen Grundlagen: erstens auf der Vertrautheit mit seinen Methoden und Materialien und zweitens auf einer Vorstellung von der wahren Bedeutung, Bedeutung und Möglichkeit, die hinter seiner äußeren Erscheinung und Manifestation steckt?

Ich habe nicht genügend betont, welche Vorteile das Singen für die Menschen bietet. Es ermöglicht ihnen nicht nur, sich selbst auszudrücken, sondern es bietet ihnen auch die gesündeste Abwechslung, es gleicht sie aus, es schafft eine Art Brüderschaft, es lenkt ihre Gedanken von den Prozentsätzen ab und gibt ihnen neue und andere Erkenntnisse. Dies wird natürlich nicht durch die Art von Musik erreicht, die die Menschen heute singen, die hauptsächlich mit Sport und Geselligkeit in Verbindung gebracht wird. Solange Musik nur außerhalb von uns ist, solange wir unsere Kinder erziehen, ohne sie tatsächlich mit ihrem Stoff in Kontakt zu bringen, und ihnen wenig echtes Training in der Entwicklung der Sinne geben, so lange wird sie ein Mysterium bleiben, so lange wird ihre Funktion missverstanden werden. Wie verwirrend ist sie heute für viele von uns! Wie sehr stößt sie uns ab! Wir haben es überwunden, uns zu schämen, sie zu lieben, aber wir lieben sie aus der Ferne.

Aus soziologischer Sicht war diese Diskussion bisher eher begrenzt. Nun wurden die Möglichkeiten der Musik, sozial desorganisierte Gemeinschaften zusammenzuschweißen, in Amerika nie vollständig ausgeschöpft. Wenn wir es direkt zu diesem Zweck nutzen würden, müssten wir herausfinden, wie wertvoll es für den Abbau künstlicher Barrieren ist. Durch Chorgesang können Menschen an einem Ort in eine gewisse Sympathie zueinander gebracht werden. Gruppen, die die gleiche Kirche besuchen, die Väter und Mütter der Kinder, die die Siedlungen erreichen – wo es eine „Nachbarschaft" gibt, gibt es eine Chance zum Singen. Es braucht nur eine Person, die daran glaubt und strikt nur die beste Musik auswählt. Und wo Nachbarschaftsgruppen die gleiche schöne Musik gesungen haben, würde jede große Zusammenkunft von Menschen alle bereit finden, am Chorgesang teilzunehmen. Dies würde die Gemeinschaftsmusik Wirklichkeit werden lassen und zweifellos die Liebe zur Kunst so fördern, dass sie sich schließlich auf die gesamte musikalische Situation auswirkt. Jeder, der jemals persönlich erlebt hat, wie man gute Musik zu denen bringt, die es sich nicht leisten können, Konzerte zu besuchen, weiß, dass diese Menschen genauso auf das Beste bedacht sind wie diejenigen, die es sich leisten können. Es gibt niemanden, der das Beste so schnell zu schätzen weiß wie der Mensch, der abseits all unserer gesellschaftlichen Bräuche lebt, die unsere seidengesponnenen Kokons ausmachen. Dort liegen wir behaglich, geschützt vor scharfen Winden, völlig eingehüllt, während diese anderen Leute mit dem Leben selbst kämpfen. Wir können uns mit ein oder zwei Lichtblicken durch das Netz zufrieden geben; Sie sind nicht. Sie begegnen der Realität überall und erkennen sie, wenn sie sie sehen. Keine Illusion kann sie täuschen.

Und wenn ich das sage, meine ich, dass das Experiment immer wieder versucht wurde. In den sogenannten „Slums" der größten amerikanischen und englischen Städte habe ich Hunderte und sogar Tausende armer Menschen gesehen, die in verzücktem und angespanntem Schweigen der Musik Beethovens und ein paar einfachen Worten darüber lauschten, und habe sie gehört brechen in so hemmungslosen Applaus aus, wie er nur von denen kommt, die wirklich hungrig nach guter Musik sind. Bringen Sie an einem dieser Orte ein gutes Orchester unter und Sie werden das beste Publikum vorfinden. Solche Leute haben keinen Anflug von übermäßiger Kritik und kein Verlangen, klug über den neuesten Komponisten zu sprechen. Sie haben sich keine nette kleine ästhetische Formel ausgedacht, die zu allem passt – eine Art schützende Farbe; Ihre Meinung ist nicht „festgelegt".

Lassen Sie uns diese Situation nicht falsch verstehen. Ich schreibe nicht über Malerei oder Bildhauerei, denn ich weiß, dass diese Künste bestimmte Wahrnehmungs- und Auswahlqualitäten des Geistes erfordern, die langes Training erfordern. Ich schreibe über Musik, die einen Sinn anspricht, der differenziert und geschult wurde, lange bevor der Sinn für Farbschwingung oder für Schönheit der Form entwickelt wurde, einen Sinn, den wir schon in der Kindheit in einem hochentwickelten Zustand besitzen.

Stellen Sie sich ein kleines Opernhaus in der Lower East Side von New York oder im North End oder South End von Boston vor, das die Menschen dort für ihre finanziellen Mittel besuchen könnten; stellen Sie sich eine kleine westliche Stadt mit einem solchen Opernhaus vor ; und vergleichen Sie die wahrscheinlichen Ergebnisse mit denen, die heute unsere prachtvollen und unnötig teuren Opernaufführungen erzielen, die, ob im In- oder Ausland, kaum etwas hinterlassen außer einem finanziellen Vakuum und der vagen Vorstellung, dass Oper irgendwie berühmte „Stars" bedeutet, die in einer fremden Sprache, in noch fremderen Dramen, in noch fremderen Motiven und Absichten, auf stark übertriebene Weise singen. Konzerte und Opernaufführungen, wie ich sie befürwortet habe, würden unsere eigenen musikalischen Aktivitäten ergänzen und vervollständigen. Diese bezahlten Künstler würden in einer Sprache für uns spielen und singen, die wir selbst durch ihre Verwendung gelernt haben. Musik wäre häuslich; wir würden sie besser verstehen und mehr lieben.

Ich kenne das alte Argument, dass sich Konzerte und Opern, die auf diese Weise aufgeführt werden, nicht lohnen würden. Darauf antworte ich, dass das wahrscheinlich stimmt. Lohnt sich Siedlungsarbeit? Lohnt sich eine Bibliothek? Lohnt sich irgendein altruistisches Unterfangen? Nein, nichts dieser Art weist jemals einen Geldsaldo auf der rechten Seite des Hauptbuchs auf. Aber wir führen diese Spalte nicht in Zahlen. Sie füllt sich mit Freude, nicht mit Dollars. Die beste Art der sozialen „Erhebung" wäre etwas, das die Menschen glücklicher macht. Die wahre Erhebung betrifft die Seele, nicht den Körper. Lassen Sie einen Riss der Schönheit die langweilige Szene durchdringen. Lassen Sie uns jetzt einen Vorgeschmack auf den Himmel haben; und lassen Sie es nicht Ihren oder meinen, sondern ihren sein. In der Musik schafft jeder zu seiner Zeit seinen eigenen Himmel.

Aber es ist nicht das Geld, an dem es mangelt. Hunderttausende werden jährlich ausgegeben, um die Defizite unserer Symphonieorchester auszugleichen. Millionen werden für das körperliche Wohlergehen unserer ärmeren Menschen ausgegeben. Schönheit für die Wohlhabenden, die sozusagen zu wohlhabend sind, um sich viel darum zu kümmern; materialistische Vorteile für die Armen und Unglücklichen, die nach etwas Hellem und Fröhlichem hungern. Was würde es für diese letzteren nicht bedeuten, wenn sie einmal in der Woche in einen Saal in ihrem eigenen Stadtteil gehen könnten, um zu einem für sie angemessenen Preis ein schönes Konzert zu hören und zu wissen, dass es dort keinen Vorsitzenden geben würde? um ihnen zu sagen „was für ein großes Privileg" usw., aber dass sie sich nicht auf ihre eigene Weise amüsieren dürften. Sie machen schließlich den Großteil unserer Stadtbevölkerung aus; aus diesen bescheidenen

Häusern kommen die zukünftigen amerikanischen Bürger; In mancher Hinsicht sind sie uns überlegen, denn sie überleben einen viel härteren Kampf und bewahren ihre Selbstachtung angesichts enormer Schwierigkeiten. Warum sollten wir ihnen das geben, was sie *unserer* Meinung nach brauchen? Warum bieten wir ihnen nicht etwas an, das uns alle auf die gleiche Ebene bringt?

Die zwangsläufige Schlussfolgerung aus einer Untersuchung unserer musikalischen Situation ist, dass wir nur Gelegenheiten brauchen, uns auszudrücken. In jedem Dorf gibt es einen potentiellen Gesangsverein, in jeder Kirche einen potentiellen Chor, in jeder Familie, in der es Kinder gibt, könnte man einfache Lieder gemeinsam singen. In jedem Viertel gibt es versteckt einen Gesangsclub. In jeder Stadt singen manchmal Tausende von Menschen schöne Lieder und Hymnen. Was ist der gegenwärtige Bedarf? Führungskräfte: gebildete Musiker, die die Technik ihrer Kunst erlernt und gleichzeitig gelernt haben, die größte Musik zu verstehen und zu schätzen, und die sie jeder anderen vorziehen. Unsere Einrichtungen zur Ausbildung von Musikern schicken einen kontinuierlichen Strom von Absolventen aus, von denen viele ihre Arbeit in Kleinstädten beginnen. In fast jeder Gemeinde gibt es mindestens einen Mann, der über ausreichende technische Kenntnisse der Musik verfügt, um große und kleine Sängergruppen zu leiten. Welche Musik bevorzugt er in seinem Herzen? Die Antwort ist hier und da in Programmen, in den Aufzeichnungen erfolgloser Gesangsvereine, in den öffentlichen Aufführungen von „Schaustücken" zu lesen. Sollten unsere Institutionen nicht mehr darauf achten, den Geschmack ihrer Studierenden zu formen? Ist es wirklich notwendig, ihnen Technik durch schlechte Beispiele der Musikkunst beizubringen? Können sie sich um einer einfacheren Technik willen getrost mehrere Jahre lang mit deutlich minderwertiger Musik befassen? Ist Rhetorik oder Reden der Literatur überlegen? Es gibt keine Möglichkeit, Violine oder Klavier zu unterrichten *und* Musik zu unterrichten. Wenn sich der Geigen- oder Klavierunterricht mit schlechter Musik beschäftigt, die der Schüler mehrere Stunden am Tag übt, kann kein Unterricht in Musikgeschichte, -theorie, -form oder -ästhetik die Wirkung dieser ständigen Assoziation ausgleichen. Ohne Führer können wir nicht vorankommen. Wir suchen für sie die Ausbildungsschulen. Und diese Schulen können nicht erwarten, sie uns zur Verfügung zu stellen, wenn sie ihren Unterricht nicht so gestalten, dass in den Schülern Liebe und Verständnis für die Besten entstehen.

Dieser Artikel drückt also meine Überzeugung aus, dass der durchschnittliche amerikanische Mann oder die durchschnittliche amerikanische Frau potentiell musikalisch ist. Ich glaube, dass die Welt der Musik eine wahre Demokratie ist. Ich bin überzeugt, dass unser Hauptbedürfnis darin besteht, selbst Musik zu machen. Ich glaube, dass wir unter den richtigen Bedingungen Freude daran haben sollten; ich denke, dass alle Kunst eng mit der Summe des menschlichen Bewusstseins verbunden ist. Und so wie ich großartige Musik auf dem betrachte, was wir sind und was wir fühlen, so betrachte ich die fachmännische Aufführung von Musik lediglich als unsere eigene Darbietung, die durch extremes Können vergrößert und verschönert wird. Kurz gesagt, ich sehe eine notwendige und natürliche Verbindung zwischen uns und sowohl dem Komponisten als auch dem Interpreten. Ich glaube, dass alle großen Bilder, Skulpturen und Musikstücke zuerst im allgemeinen Bewusstsein entstanden und dann in einem einzigen Menschen artikuliert wurden. Ich glaube, dass kein Staatsmann, kein Philosoph, nein, nicht einmal ein Christus vorstellbar ist, wenn er nicht zuerst in den Herzen der Menschen liegt. Was sie *in Besitz haben* , ist er *in seinem Wesen* . Dass wir alle musikalischer sind, als man uns zutraut; dass wir musikalischer sind, als wir die Chance dazu bekommen – daran besteht überhaupt kein Zweifel.

KAPITEL V
DIE OPER

I. WAS IST OPER?

Die Form des Dramas mit Musik, die wir allgemein als „Oper" bezeichnen, ist eine so eigenartige Mischung vieler Elemente – einige davon eng miteinander verbunden, andere nahezu unvereinbar –, dass es fast unmöglich ist, sich eine eindeutige Vorstellung von ihrem künstlerischen Wert zu machen. Ein großes Gemälde oder eine Skulptur, ein großes Buch oder eine große Symphonie stellen eine vollkommen klare Entwicklung einer klar definierten Kunst dar. Sie stellen die künstlerische Gültigkeit von „Pendennis" oder eines Porträts von Romney nicht in Frage; sie haben ihre Wurzeln in den früheren Werken großer Schriftsteller und Maler und tendieren zu den nachfolgenden. Die Künste, die sie repräsentieren, wuchsen in einem langsamen Entwicklungsprozess, absorbierten alles, was ihnen nützlich war, und lehnten alles Nutzlose ab, bis sie schließlich einheitlich und in sich geschlossen wurden. Die Entwicklung der Oper hingegen war ein ständiger Kompromiss – mit den Launen der Fürsten, mit den noch eigenwilligeren Launen der Sänger und mit gesellschaftlichen Konventionen.

Aufgrund seiner zunehmenden Kosten (manchmal aufgrund der Großartigkeit des Komponisten, manchmal aufgrund der Ansprüche des Publikums) wurde es notwendig, es in riesigen Opernhäusern aufzuführen, die dafür völlig ungeeignet waren; und da es sich um eine gemischte Kunst handelt, war sie zwei verschiedenen Einflüssen ausgesetzt, die keineswegs immer übereinstimmend waren. Seine Lebenslinie wurde immer wieder von mutigen Erfindern überschritten, die, die Vergangenheit vergessend, versuchten, es von der Natur zu verdrängen und es zu einem Ausdruck übermäßigen Individualismus zu machen. Methoden, die in jeder reinen Kunstform schnell genug in Vergessenheit geraten würden, wurden in der Oper umgesetzt und von einem unkritischen Publikum unterstützt, das sich über ein prächtiges Spektakel freute oder durch guten Gesang unterhalten wurde. Alle anderen Kunstformen entwickeln sich Schritt für Schritt weiter; Die Oper springt erst vorwärts, dann rückwärts; es wird zu vernünftig, nur um gleich danach völlig unvernünftig zu werden; es geht von der Objektivität zur Subjektivität und wieder zurück oder verwendet beide gleichzeitig; es verwandelt einen Mann in eine Frau oder eine Frau in einen Mann; es macht sich nichts daraus, in zwei Sprachen gleichzeitig präsentiert zu werden; Es verwandelt das umgangssprachliche Bret Harte ins Italienische, ohne sich im geringsten bewusst zu sein, dass es dadurch im Wesentlichen komisch geworden ist: Kurz gesagt, es scheint keine Grenzen für das Chaos zu geben, das es mit Geographie, Wissenschaft, Sprache, Kostümen, Drama, Musik und Menschen anrichten kann Natur selbst.

Daher wäre jeder Versuch, hier auf die Entwicklung der Oper als Ganzes einzugehen, ein unmögliches Unterfangen. Wir sollten uns sofort auf ein Glossar von Sängern einlassen (jetzt nur Namen, die dann praktisch die Oper selbst bilden), eine Entschlüsselung unmöglicher Handlungsstränge, einen Ausflug in die Religion, ins Ballett, in Mythologie, Dämonologie, Pseudophilosophie, Mystik , und der Himmel weiß was noch. Wir sollten unseren ersten Schwarm Kanarienvögel sehen, der einfach freigelassen wurde, um uns zum Staunen zu bringen, und wir sollten hören, wie ein Waldvogel dem Helden (durch einen Sänger abseits der Bühne) den Weg zu einer schlafenden Schönheit weist; wir sollten den Helden und den Bösewicht ein entzückendes Duett singen hören und dann sehen, wie sie sich in verschiedene Richtungen abwenden, um einander zu suchen und zu ermorden; wir sollten finden, dass die Pyramiden und das Quartier Latin in denselben Begriffen ausgedrückt werden können; Zu unseren Heldinnen gehören die geheimnisvolle und dämonische Spötterin Kundry, die Frau, die zweifelt und Fragen stellt, die Frau, die es hätte tun sollen, es aber nicht getan hat, und die Frau, die verrückt wird und mit ihr den Flötenspieler im Orchester in den Wahnsinn treibt; Wir sollten sehen, wie Männer und Frauen in unangemessenen und sogar unverständlichen Kostümen aus leeren Tassen trinken und wie ein Held einen Pappmaché-Drachen tödlich verwundet; wir müssten unsere Augen schließen, um zu hören, oder unsere Ohren verschließen, um zu sehen; Wenn wir uns für Musik interessierten, müssten wir zehn Minuten warten, bis ein häuslicher Streit im Rezitativ zu Ende sei; Wenn wir Lust auf Drama hätten, müssten wir genauso lange warten, während eine Primadonna Vogelträller und -gezwitscher von sich gibt. Kurz gesagt, wir sollten es mit einer gemischten Kunst zu tun haben, die hinsichtlich Stil, Form, dramatischem Zweck und musikalischer Textur eine ganz außergewöhnliche Breite aufweist.

Für unsere Zwecke genügt es daher festzustellen, dass es sowohl geistliche als auch weltliche Theaterstücke mit Musik seit frühester Zeit gibt und dass ihre Entwicklung zu der Form geführt hat, die wir heute kennen. Die Einführung von Liedern in Theaterstücke war an sich so angenehm und interessant, dass ihre Verwendung immer weiter zunahm, bis eine vage Opernform erreicht wurde, in der die Musik vorherrschend war.

Doch es gibt zwei große revolutionäre Epochen, denen man, um die Oper überhaupt zu verstehen, die gebührende Aufmerksamkeit schenken muss: die erste ist die sogenannte „Florentiner Revolution" in den Jahren 1595 bis 1600, und die zweite ist die Wagnersche Reform in der Mitte des letzten Jahrhunderts.

II. OPER IM ALTEN STIL

Die „Florentiner Revolution" war ein Versuch, einen völlig neuen Operntyp zu schaffen, bei dem alle Traditionen über Bord geworfen wurden. Zu „Eurydike", der bekanntesten dieser Florentiner Opern, schrieb ihr Komponist Peri ein Vorwort, aus dem wir Folgendes zitieren: „Deshalb gab ich jeden bis dahin bekannten Stil des Vokalschreibens auf und widmete mich ganz der Erschaffung der Art der Nachahmung (der Sprache), die dieses Gedicht verlangt." (Spricht hier tatsächlich Peri? Oder ist es Gluck, Wagner oder Debussy?) In jedem Fall ist die Aufgabe jedes bis dahin bekannten Stils in jeder Form menschlichen Ausdrucks eine fatale Aufgabe, denn keine Kunst, Wissenschaft oder Literatur kann ihre Vergangenheit ablegen und weiterleben. Die Florentiner Revolution war keine Revolution, sondern ein Aufruhr, denn sie unternahm es, das niederzureißen, was Generationen langsam aufgebaut hatten, und an seine Stelle etwas nicht nur Unerprobtes, sondern (zu dieser Zeit) Unmögliches zu setzen. Es war ein Versuch, eine neue Kunst zu gründen, die *sich völlig* von einer alten löste. Beethoven ohne Haydn und Mozart, Meredith ohne Fielding, die Gotik ohne die Klassik, eine Renaissance ohne Geburt, Tageslicht ohne Sonnenaufgang. Es war von Anfang bis Ende ein völlig unlogischer Prozess, aber die Oper ist daraus entstanden, weil die Oper ohne Logik oder gar Vernunft existieren kann – und das hat sie auch getan.

Vor dem Jahr 1600 war die schönste geistliche Musik der Welt komponiert worden – die in den Werken Palestrinas ihren Höhepunkt erreichte. Ein Stil oder eine Ausdrucksmethode war perfektioniert worden, und dieser Stil oder diese Methode wurde allmählich und natürlich auf weltliche und sogar dramatische Formen angewendet. Es gab damals auch Volkslieder, die oft in Theaterstücken mit Musik verwendet wurden und die als Grundlage für die Oper hätten dienen können. Aber die Schöpfer der neuen Oper wollten nichts davon wissen. Sie hatten eine Theorie (eine fatale Besessenheit für jeden Künstler): Sie wollten das griechische Drama wiederbeleben, und sie glaubten, dass in der Oper die Musik dem Text untergeordnet sein sollte. Es waren Peri und seine Gefährten, die dieses Irrlicht zuerst sahen, das sich seitdem vollständig zu einem voll ausgestatteten und tapferen Schreckgespenst entwickelt hat, um diejenigen zu erschrecken und zu unterwerfen, die Musik um der Musik willen lieben. Zu diesem Punkt muss man nur sagen, dass es keine große Oper gibt, außer „Pelléas et Mélisande" von Debussy, in der die Musik nicht über dem Text steht (und Debussys Oper ist in ihrer Behandlung einzigartig und führt nirgendwohin – oder, wenn überhaupt, weg von der Oper). Peris Reformen waren künstlerisch unvernünftig, aber die Komponisten, die ihm folgten, entwickelten nach und nach das, was man Arie oder Opernlied nennt, und schufen schließlich eine mehr oder weniger kohärente Opernform, obwohl lange Zeit verging, bis die Oper die verschiedenen Elemente, die für künstlerische Vollständigkeit notwendig sind, in sich vereinte.

Es dauerte jedoch nur kurze Zeit, bis die Oper in ganz Europa die größte Beliebtheit erlangte, eine Beliebtheit, die sie von diesem Tag an bis heute genießt. Die Gründe für diese nie nachlassende Popularität liegen zunächst in der natürlichen Vorliebe des Publikums für die menschliche Stimme gegenüber jedem Instrument. So leicht Musikinstrumente in der Technik oder so ausdrucksstark sind, so fehlt ihnen doch die intime menschliche Qualität der Singstimme. Die Stimme kommt dem Zuhörer in seiner eigenen Sprache entgegen, während ein Instrument fremd und unsympathisch sein und keine Reaktion hervorrufen kann. Diese Sympathie zwischen Sänger und Zuhörer ist so vollkommen, dass fast jede Sängerin mit einer schönen Stimme (sie wird sehr wahrscheinlich als „menschliche Nachtigall" bezeichnet) mit Sicherheit ein Publikum anzieht, ganz gleich, was sie singt oder wie wenig musikalische Intelligenz sie zeigt. (Diese Sympathie ist es auch, die uns das Salonlied beschert, das letzte Wort in völliger Leere.) Damit verbunden ist die Freude, die das Publikum an außergewöhnlichen stimmlichen Meisterleistungen empfindet. Die Sängerin wetteifert im Orchester mit einer Flöte oder singt zwei oder drei Töne höher als je eine andere Sängerin , und das Publikum strömt herbei, um sie zu hören. Aber es ist sinnlos, sich damit zu beschäftigen: Die Krankheit ist unheilbar; ich fürchte, es wird immer ein gedankenloses Publikum geben, das für jeden Stimmakrobaten bereit ist, der höher oder schneller singt als jeder andere oder der mit einem lächelnden Gesicht und einem hübschen Kostüm und in völlig unverständlichen Worten Triller und Läufe hinlegen kann. Und zweitens: Wenn dieser Gesang, den das Publikum so liebt, mit der ewigen Faszination des Dramas gepaart wird, ist die Anziehungskraft unwiderstehlich.

Ich brauche hier nicht näher auf die Eigenschaft des Dramas einzugehen, die es von frühester Zeit bis heute populär gemacht hat. So viel kann man jedoch sagen: Für Menschen, die nicht imstande sind, sich in ihrem eigenen Geist eine Welt der Schönheit vorzustellen – obwohl sie von der Natur umgegeben sind und jede Bibliothek phantasievolle Literatur zu bieten hat –, ist die Bühne ein ewiges Vergnügen. Sie sehen dort unmögliche Romanzen, unglaubliche Tugenden und Laster, Helden und Heldinnen, die schändlich verfolgt werden, aber unvermeidlich triumphieren, unmögliche Szenen in unwahrscheinlichen Ländern, alles Ermüdende, Gewohnte und Notwendige wird weggelassen, kein grelles Tageslicht, sondern nur goldener Sonnenaufgang und flammender Sonnenuntergang: das Unmögliche wird endlich verwirklicht. Diese Eigenschaften sind in jedem Drama in mehr oder weniger großem Ausmaß vorhanden, denn sie verkörpern die Essenz dessen, was das Drama ist. Äschylus und Shakespeare entkleiden das Leben ebenso vollständig seiner Prosa wie ein rasendes Melodram, denn ein Stück muss von einem dramatischen und hervorstechenden Punkt zum nächsten gelangen; und während diese großen Dramatiker das ganze Leben beinhalten - während das gewöhnliche Stück nichts beinhaltet -, können sie es nicht in seiner tatsächlichen und vollständigen Kontinuität darstellen und können dies auch nicht.

Nun unterliegt das Drama mehr oder weniger der öffentlichen Meinung und dem öffentlichen Geschmack, denn im Drama verstehen wir, was wir hören. Andererseits ist die Oper, wenn man sie als Drama betrachtet, nahezu frei von einer solchen Verantwortung, da sie in einer fremden Sprache gesungen wird; oder wenn in unserer eigenen Sprache der Text zufällig aufgrund der Größe des Opernhauses und der mangelnden Bereitschaft der Sänger, auf ihre Diktion zu achten, unverständlich wird. Daher entgeht das Libretto der Oper einer genauen Prüfung. „Was zu albern ist, um gesagt zu werden, wird gesungen", sagt Voltaire.

Beachten wir auch, dass eine Kunst, wenn sie sich von ihrer eigenen Vergangenheit loslöst, wenn sie nicht auf dem natürlichen menschlichen Leben basiert und nicht den allgemeinen Gesetzen gehorcht, denen jede Kunst unterliegt, mit Sicherheit Konventionen der einen oder anderen Art entwickelt und künstlich wird. Das kann man im sogenannten „Rokoko"-Architekturstil beobachten sowie bei den furchtbaren Dingen, die die „Futuristen" und „Kubisten" verübten (alles, was der Zukunft angehört, muss auch der Vergangenheit angehören, ganz gleich, ob es ein Bild, ein Baum oder eine Idee ist). Die Oper geriet bald in den Griff dieser Konventionen, von denen sie sich, mit wenigen bemerkenswerten Ausnahmen, nie befreien konnte. Sogar die allgemeinen Konventionen des Dramas, die wir bereitwillig genug akzeptieren, werden in der Oper bis zum Zerreißen gespannt. Viele Generationen lang wurden Opern nach einem festgelegten, unflexiblen Aktschema geplant; eine Frau übernahm die Rolle eines Mannes (wie in Gounods „Faust"); Charaktere wurden stereotypisiert; Die Position der Hauptarie (des Solos) für die Primadonna war genau festgelegt, um ihrem Auftritt alle mögliche Wucht zu verleihen; die vorgegebenen Musikstücke (Solos, Duette, Chöre usw.) waren künstlich arrangiert und erfüllten keine dramatischen Anforderungen. Wagners Aussage, die alte konventionelle Oper sei „ein Konzert in Kostümen" gewesen, ist nicht ganz unberechtigt.

Ein Beispiel für diese Konventionalität und den Mangel an dramatischer Einheit findet sich in der berühmten Quartettszene in Verdis „Rigoletto", einer Oper, die typisch für den italienischen Stil ist (in der, um es mit Merediths Worten auszudrücken, „inmitten süßer Qualen viel mit der Schönheit gespielt wird"). In dieser Szene verstecken sich zwei Personen, um zwei andere zu beobachten. Die Verborgenheit ist der Angelpunkt, um den sich die Geschichte im Moment dreht. Aber die Anforderungen der Musik sind so, dass, noch bevor das Stück sehr weit fortgeschritten ist, alle vier aus voller Kehle und ohne einen Vorwand der Verborgenheit singen – in der Tat ein bezauberndes Musikstück, aber völlig bar jeder dramatischen Wahrheit und Einheit. Und dann, ganz natürlich, nachdem die dünne dramatische Fassade durchbrochen ist, antworten sie auf Ihren Applaus, indem sie sich an den Händen fassen und sich verbeugen, woraufhin sich die beiden wieder verstecken, die Musik wie zuvor einsetzt und die ganze Szene wiederholt wird.

Aber eines der künstlichsten Elemente in den alten Opern war das Ballett. Ihre Rolle in der Oper sollte lediglich ein Spektakel sein, und es wurden große Summen ausgegeben, um sie so prachtvoll wie möglich zu gestalten. Es hatte normalerweise überhaupt nichts mit der Geschichte zu tun, war aber nützlich, um ein Publikum von Vergnügungsliebhabern anzulocken, die die Oper nicht ernst nahmen. Es war einmal in London, als Carlyle durch einen außergewöhnlich unglücklichen Schicksalsschlag dazu überredet wurde, sich eine Oper mit Ballett anzuhören; Daraufhin wetterte er wie folgt: „Die Ballettmädchen selbst mit ihren Musselin-Untertassen um sie herum waren vielleicht nichts weniger als ein Wunder; Sie wirbelten und drehten sich dort in seltsamen, verrückten Wirbeln und blieben dann plötzlich bewegungslos stehen, jede auf ihrem linken oder rechten großen Zeh, während das andere Bein in einem Winkel von neunzig Grad ausgestreckt war – als ob sie plötzlich von einem in den Boden gestochen worden wären von ihren Spitzen ein Paar, oder besser gesagt, eine Vielzahl von Kohorten verrückter, unruhig springender und abschneidender Scheren, und so befahl man ihnen, mit offenen Klingen auszuruhen und im Namen des Teufels still zu stehen!“

Man erinnert sich auch an „Krieg und Frieden“ mit seiner Opernszene – und an Tolstois Hinweis auf den Haupttänzer, der „sechzigtausend Francs im Jahr dafür bekommt, dass er Kapriolen tanzt“. Wenn wir uns also die älteren Opern ansehen, die noch immer ihren Platz im Repertoire haben, kommen sie uns ziemlich absurd vor und trösten uns mit der Überlegung, dass die heutige Oper ihre jugendlichen Torheiten hinter sich gelassen hat und zu einem Kunstwerk geworden ist.

WAGNER UND DANACH

Dann kam die zweite große Opernreform – die von Wagner – die uns von den alten Absurditäten befreien und die Oper zu einer vernünftigen und einheitlichen Sache machen sollte. Das sollten Wagners Opern zunächst einmal sein. In „Der Fliegende Holländer“, „Tannhäuser“ und „Lohengrin“ gibt es eine vernünftige Übereinstimmung zwischen Handlung und Musik; Wir können zuhören und schauen, ohne unsere Fähigkeiten zu sehr zu beeinträchtigen. Wagners Libretti basieren bis auf eine Ausnahme auf mythologischen Geschichten oder Ideen. Seine Persönlichkeiten sind ewige Typen – Lohengrin der Reinheit und des Heldentums, Wotan der Macht durch Fiat, Brunhilde (die größte von allen) der heroischen und edlen Frau. Er übernahm das alte Verfahren, mit dem bestimmte hervorstechende Eigenschaften seiner Charaktere – wie Siegfrieds Jugend und Furchtlosigkeit, Wotans Majestät usw. – durch kurze musikalische Phrasen, sogenannte *Leitmotive*, *definiert wurden*; er ließ sein Orchester die Bewegung seines Dramas bereden, anstatt es als „riesige Gitarre" einzusetzen; er eliminierte das festgelegte Musikstück, was zwangsläufig zu einer Verzögerung der Handlung führte; Er hielt seine Musik stets in Bewegung, indem er die sogenannte „authentische Kadenz" vermied, die in der gesamten älteren Musik ständig zum Stillstand schreit.

Aber mit all diesen Mitteln erlegte Wagner seinem Zuhörer eine ständige Spannung auf: wiederkehrende, sich entwickelnde und wieder auflösende *Leitmotive*, jede Note bedeutsam, ein riesiges und beredtes Orchester, eine Stimme, die Phrasen singt, die nicht Teil einer vollständigen Melodie sind, die gerade entwickelt wird – wie in einer Oper von Verdi –, sondern die sich auf etwas beziehen, das man vielleicht eine halbe Stunde zuvor in einem vorhergehenden Akt (oder eine Woche zuvor in einem anderen Drama) zum ersten Mal gehört hat: All dies muss unser Wahrnehmungsvermögen auf die Probe stellen, und *gleichzeitig* fordert er uns auf, einen tatsächlichen Kampf zwischen einem Helden und einem Drachen anzuschauen oder einen anderen zwischen zwei Helden halb in den Wolken, mit einem strahlenden Gott, der einen heiligen Speer ausstreckt, um den Kampf nach seinem Willen zu beenden, während eine Walküre auf ihrem fliegenden Ross darüber schwebt. Oder er verlegt sein Drama unter Wasser, mit umherschwimmenden Undinen und einem Gnom, der die glitschigen Felsen erklimmt, um einen Edelstein im Tausch gegen seine Seele zu stehlen. Ja, sogar dies und mehr; Denn er fordert uns auf, das Ende der Welt mitzuerleben – die Wasser steigen, der Himmel selbst steht in Flammen –, während unser Herz durch die gewaltige *innere* Tragödie von Brunhildes Selbstverbrennung so zerrissen ist, dass uns das Ende der Welt völlig belanglos und unverschämt erscheint.

Schließlich sind wir Menschen. Wir können nicht gleichzeitig Männer und Frauen und Kinder sein. Wir möchten uns in unseren Sitzen in der Oper niederkauern und alles außer der edlen, herrlichen und schönen Musik vergessen und nur so viel Handlung sehen, wie unserem Zustand innerer Begeisterung entspricht. Eine Oper muss objektiv oder subjektiv sein; sie kann nicht beides gleichzeitig sein. Die Vollkommenheit von „Don Giovanni" beruht auf der genauen Übereinstimmung zwischen der Menge und Intensität der Handlung und des musikalischen Ausdrucks – oder, mit anderen Worten, auf der vollkommenen Einheit von Inhalt und Art, von Form und Stil. Der „Ring"-Zyklus ist objektiv und subjektiv; er ist das Extrem des Bühnenmechanismus (und mehr) und gleichzeitig alles, was fantasievoll tiefgründig und bewegend ist. Man kann sich der Schlussfolgerung nicht entziehen, dass Wagner in diesen großen Musikdramen das Gleichgewicht zwischen Mitteln und Zwecken und das Verhältnis zwischen Handlung und Gedanke aus den Augen verlor. Seine eigenen Theorien und die Größe seines Themas ließen ihn die natürlichen Beschränkungen vergessen, die einem Kunstwerk durch die Natur der Wesen auferlegt werden, für die es geschaffen wurde. Die „Ring"-Dramen sollten von Göttern und Göttinnen *gespielt* und *bezeugt* werden, für die Zeit und Raum nicht existieren und die nicht durch ein labiles Nervensystem eingeschränkt sind. Niemand kann der großen Schönheit bestimmter Teile dieser gigantischen Musikdramen gegenüber unempfindlich sein – jeder erkennt Wagners Genie an, wie es sich beispielsweise in den großen Szenen zwischen Siegfried und Brünhilde zeigt –, aber der komplizierte und nahezu unmögliche Bühnenmechanismus und die Ausflüge in das geschriebene Drama stellen ernsthafte Mängel dar. (Denn die Szene zwischen Wotan und Fricka im „Rheingold" und ähnliche Passagen in den nachfolgenden Dramen sind im Wesentlichen Szenen, die eher gelesen als gespielt werden müssen.)

Man könnte meinen, Wagner habe jede Wiederholung der alten Opernunstimmigkeiten unmöglich gemacht. Doch das Gegenteil ist der Fall. Eine der neuesten italienischen Opern ist, wenn überhaupt, noch absurder als alle ihre Vorgänger. Was könnte grotesker sein als eine Oper, die in einem Bergarbeiterlager im Westen spielt, zu deren Charakteren ein Spieler, ein Sheriff, eine Lagerfrau usw. gehören, deren Sprache zwangsläufig sehr volkssprachlich ist, deren Handlung sich um ein Kartenspiel dreht – eine „Outcast-of-Poker-Flat"-Oper – und die zum Nutzen des Komponisten ins Italienische übersetzt und in dieser Sprache aufgeführt wurde? „Ich bin völlig hin und weg von dir, Minnie", sagt Rance; „ *Ti voglio bene, Minnie* ", singt sein italienisches Gegenstück.

„Rigoletto" verzaubert uns durch die Schönheit und Aufrichtigkeit seiner Melodien; es ist, was es vorgibt zu sein; es behandelt Emotionen, die wir teilen können, weil sie letztlich großen menschlichen Problemen entspringen. Der Graf, Magdalina, Rigoletto und Gilda sind allesamt Typen; wir kennen sie aus der Literatur – aus Gedichten, Romanen und Dramen; sie haben ihre Berechtigung. Wir akzeptieren die angespannte Konvention der Szene als unvermeidlich zu diesem Zeitpunkt der Entwicklung der Oper. Aber nach Wagners Reformen und dem Einfluss, den sie auf Verdi selbst, den größten Italiener, ausübten, scheint es unglaublich, dass ein Komponist in ein „Mädchen des goldenen Westens" verfallen könnte.

Fast alle Opern Puccinis sind eine Rückkehr zum Typus. Das altmodische grelle Melodrama erscheint wieder, blutrot wie immer; wie in „La Tosca", das fast nichts der Fantasie überlässt – das wünscht man sich besonders in bestimmten Szenen. Das sogenannte „Lokalkolorit" taucht in all seiner trockenen Täuschung wieder auf – wie in den japanischen Effekten in der Musik von „Madame Butterfly"; Wieder hören wir die scheinbare Melodie, die vorgibt, echt zu sein, mit ihren Oktaven im Orchester, um ihr eine vorgetäuschte Intensität zu verleihen. Es ist wieder die alte Opernwelt. Wenn wir eine tragische Szene in Puccinis Opern mit dem letzten Akt von Verdis „Otello" vergleichen, erkennen wir den großen Unterschied zwischen beiden. Es ist wahr, dass Puccini uns wunderschöne lyrische Momente beschert – etwa wenn Mimi in „La Bohème" Rudolph erzählt, wer sie ist; Es ist auch wahr, dass wir nicht meckern sollten, weil Puccini kein so großer Komponist ist wie Verdi. Unser Vergleich dient nicht dazu, das eine auf Kosten des anderen anzuprangern, sondern um darauf hinzuweisen, dass die größere Oper vom Publikum nicht verlangt wird, die kleinere hingegen schon; dass wir „La Bohème", „Madame Butterfly" und „La Tosca" zwanzigmal zu „Otellos" einmal bekommen und dass wir dadurch jeden Sinn für Opernwerte verlieren.

Der meisttrompetete Opernkomponist von heute ist der schlimmste Opernsünder. Nichts könnte für Musik und Drama abwertender sein als die Methode, die Strauss in „Electra" anwendet. In seiner ursprünglichen Form ist „Electra" ein Stück von tiefgreifender Bedeutung, dessen Kunst, Philosophie und Ethik ein natürlicher Ausdruck des griechischen Lebens und Denkens sind. Es enthält Ideen und stellt Handlungen dar, die uns zwar völlig fremd sind, die wir jedoch als zu diesem Leben und Gedanken gehörend akzeptieren. Im Original oder in jeder guten Übersetzung sind seine Einfachheit und seine elementare Größe darauf ausgelegt, uns zutiefst zu berühren, denn wir gelangen zu einer historischen Perspektive und erkennen die Bedeutung und Bedeutung der Katastrophe, die es darstellt. Diese großartige Geschichte behandelt unser moderner Komponist pathologisch. Nichts ist ihm heilig. Er verleiht jeder Leidenschaft, jeder schrecklichen Tat eine persönliche und unmittelbare Bedeutung, die ihren künstlerischen und historischen Sinn völlig zerstört. Die wahre „Electra" ist ein unpersönliches, typisches, nationales und religiöses Drama; Hofmannsthal und Strauss haben daraus einen brodelnden Kessel ungezügelter Leidenschaft gemacht.

Die von Strauss in „Salome", „Elektra" und, in anderer Form oder Art, im „Rosenkavallier" gegebene Führung wurde schnell übernommen. „Die Juwelen der Madonna" ist eine „Elektra" des Boulevards, in der die schlimmste Art von Leidenschaft und die schlimmste Art von Sakrileg im Namen des Dramas offen zur Schau gestellt werden. Es gehört ins „Grand

Guignol". Jeder vernünftige Mensch soll die Libretti aktueller Opern lesen und sich eine Meinung bilden, nicht über ihre Moral – denn darüber gibt es nur eine Meinung –, sondern über ihre Ansprüche auf die Aufmerksamkeit eines jeden ernsthaft denkenden Menschen.

Ich beziehe mich nur auf den moralischen Status dieser Geschichten, weil viele von ihnen das Ungewöhnliche betonen und ihnen der Sinn für Proportionen fehlt. Die Kunst sucht nach der Wahrheit, wo auch immer sie ist, aber die Wahrheit ist die ganze Wahrheit und kein Ausschnitt davon. Ein Roman kann fast jeden Lebensabschnitt abbilden, muss aber den Sinn für Proportionen wahren. Dostojewski treibt das Abnormale bis an die äußerste Grenze, andererseits ist er „ein Bruder seiner Bösewichte" und liefert uns viele erlösende Typen. Der Held in „The Idiot" ist ein dominanter und *übergewichtiger* Charakter. Das Ziel aller großen Literatur ist es, die Wahrheit in Form von Schönheit darzustellen. „Tess of the D'Urbervilles" ist genauso moralisch wie „Emma". Doch je weiter man sich von einer bewussten künstlerischen Ausdrucksform wie dem Roman entfernt, desto weniger Spielraum hat man in dieser Hinsicht. Eine Episode in einem Roman von Dostojewski wäre ein unmögliches Bildmotiv. Also muss die Oper, die sich für uns im Bühnenrahmen und in einer begrenzten Zeit konzentriert, diese Wahrhaftigkeit und Treue zum Leben, wie es ist, irgendwie bewahren. „Die Juwelen der Madonna" könnten als Episode in einem Roman von Dostojewski oder Balzac dienen; als Opernlibretto ist es eine Monstrosität.

IV. Wenn Musik und Drama sich stimmig verbinden

Ich habe diese verschiedenen Widersprüche und Absurditäten der Oper erwähnt, nicht um ein Argument gegen sie vorzubringen; im Gegenteil, ich möchte ein Argument für sie vorbringen. Dies kann offensichtlich nur mit Opern geschehen, die frei von Absurditäten und melodramatischer Übertreibung sind, die den Anforderungen künstlerischer Vernünftigkeit entsprechen und gleichzeitig schön sind. Dies kann man nicht von „Cavalleria Rusticana" (rustikale Ritterlichkeit – Gott bewahre!), „La Bohème", „La Tosca", „Das Mädchen aus dem goldenen Westen", „Thaïs" (Gift, Untreue, Selbstmord, Zauberei und Religion vermischt in einer unerträglichen *Mischung*), „Contes d'Hoffman" (ein Don Juan, der seine Abenteuer in allen Einzelheiten erzählt) sagen – diese sind schlechte Kunst, nicht weil sie unmoralisch sind, sondern weil sie unwahr, verzerrt und ohne Sinn für den Wert des Materials sind, das sie verwenden.

Es gibt Opern, die sowohl schön als auch vernünftig sind, und die eine oder andere davon gehört tatsächlich zu unserem heutigen Repertoire. Die Fragen, die wir stellen müssen, lauten wie folgt: Kann ein äußerst fantasievolles und bedeutungsvolles Drama, in dem Handlung und Reflexion ein angemessenes Gleichgewicht halten, in dem eine große und bewegende

Leidenschaft oder einige elementare menschliche Motive echten dramatischen Ausdruck finden – kann ein solches Drama existieren? Oper? Ist es möglich, Körper und Geist des Dramas und gleichzeitig Körper und Geist der Musik zu bewahren? Muss nicht das eine dem anderen weichen? Wir wollen, dass die Oper eine Sache ist und nicht mehrere. Wir wollen die gleiche Einheit, die auch in anderen künstlerischen Formen besteht. Wir wollen klassisch, romantisch und realistisch trennen. Wenn sich in der Oper sozusagen vom leeren Vers zum gereimten Vers wandelt, wollen wir, dass dieser Wechsel durch eine künstlerische Notwendigkeit diktiert wird, wie es in „Wie es euch gefällt" der Fall ist. Wir wollen vor allem eine so vernünftige Übereinstimmung zwischen Sehen und Hören, dass es uns möglich ist, jeden Sinn unbeeinträchtigt durch den anderen zu bewahren. Es wurden einige solcher Opern komponiert. Eine beträchtliche Anzahl nähert sich diesem Ideal. Von Glucks „Orfeo" (inszeniert 1762) bis hin zu Wagners „Tristan" (1865) ist die reine Opernauffassung stets lebendig geblieben. Gluck, Mozart, Weber, Wagner und Verdi sind die großen Namen, die über das allgemeine Niveau hinausragen.

Glucks „Orfeo" ist umso interessanter, als der dunkle Schatten von Strauss' „Electra" ihn in den Vordergrund rückt. Alle ein oder zwei Jahrzehnte wird „Orfeo" wiederbelebt, um erneut zu zeigen, wie edel Gluck die alte griechische Geschichte interpretiert hat. Und es muss daran erinnert werden, dass Gluck in der zweiten Hälfte des 18. Jahrhunderts lebte, als die Musik in Bezug auf jene Dissonanzen, die moderne Komponisten für den Ausdruck dramatischer Leidenschaft als absolut notwendig erachten, ziemlich unflexibel war.

Auf Gluck folgte Mozart mit seinem „Don Giovanni", der dasselbe Gleichgewicht zwischen Handlung und Gefühl wahrte, mit einer noch größeren Einheit des Stils und derselben Aufrichtigkeit der Äußerung. Mozart besaß eine souveräne Meisterschaft über sein gesamtes Material und eine einzigartige Gabe, reine und klare Melodien zu schaffen. In seinen Opern gibt es keine Beimischungen: Seine Tragödie und seine Komödie sind gleichermaßen rein objektiv – *und es ist hauptsächlich diese Eigenschaft, die unser Verständnis von ihnen verhindert* . Wir in unserer Zeit können uns nicht in Mozarts *Milieu hineinversetzen* ; die Tragödie am Ende von „Don Giovanni" berührt uns kein bisschen, weil sie frei von kreischenden Dissonanzen und donnernden Orchesterklängen ist. Unser Nervensystem ist an instrumentale Kataklysmen angepasst. (Wir nehmen nur einen *fallenden* Stern wahr; der heitere und friedliche Himmel blickt vergeblich auf uns herab.) Könnten wir „Don Giovanni" in einem kleinen Opernhaus im rein klassischen Stil gesungen hören, würden wir erkennen, wie schön er ist; wir sollten uns nicht länger nach der Übererregung und ungezügelten Leidenschaft von „La Tosca" sehnen; wir sollten verstehen, dass die tiefste Leidenschaft ausgedrückt werden kann, ohne sich selbst in Fetzen zu reißen, und dass Musik in einfacher Dur- und Moll-Stimmung unsagbar tragisch sein kann. Don Giovanni ist ein Typ Opernheld – er findet sich in abgewandelter Form in der Hälfte aller jemals geschriebenen Opern –, aber Mozart erhebt ihn weit über seine kleinlichen Intrigen und macht ihn zu einer großen Figur, die für bestimmte Elemente der menschlichen Natur steht. (Es ist das Versagen Gounods, dies zu erreichen, das „Faust" auf die niedrigere Ebene stellt, die er einnimmt.) Das Bühnenbild von „Don Giovanni" – die konventionellen Räume mit vergoldeten Stühlen und dergleichen –, die Kostüme, das Schauspiel, die Musik (Orchester- und Gesangsmusik) sind alle in einem Stil vereint. Und dies, gepaart mit der überragenden Meisterschaft und der melodischen Begabung seines Komponisten, macht ihn zu einer der vollkommensten, wenn nicht zur vollkommensten Oper.

Beethovens „Fidelio" (produziert 1805) feiert die Hingabe und Selbstaufopferung einer Frau – und diese Hingabe und Selbstaufopferung haben tatsächlich *ihren Ehemann zum Ziel* ! Es ist eine edle Oper, aber Beethovens Geist und Temperament waren für das Opernproblem nicht geeignet, und „Fidelio" ist keineswegs ein perfektes Kunstwerk. Der Beethoven, den wir dort hören, ist der Beethoven der langsamen Sätze der Sonaten und Sinfonien; Aber „Fidelio" könnten wir durchaus oft hören, denn es steht in seiner völligen Aufrichtigkeit und Erhabenheit für sich allein.

Die romantischen Opern Webers tendieren zu jener Charakterisierung, die die wesentliche Gleichheit mit seinem großen Nachfolger Wagner darstellt, denn „Der Freischütz" und „Euryanthe" sind voller charakteristischer Musik. Weber beginnt und beendet eine romantische Oper. (Romantische Themen sind recht häufig, aber eine romantische Behandlung ist äußerst ungewöhnlich. Scotts „Braut von Lammermoor" zum Beispiel wird, als sie durch die Hände von Librettist und Komponist geht, in Donizettis „Lucia di Lammermoor" deutlich melodramatisch angehaucht.) In „Der Freischütz" und „Euryanthe" gibt es genügend Beweise für Webers Aufrichtigkeit und seinen Wunsch, seine Opern zu künstlerischen Einheiten zu machen. Jede von ihnen vermittelt einen eindeutigen Eindruck von Schönheit und vermeidet jene fadenscheinigen Appelle, die in der Oper so üblich sind.

blühte *die Opéra Comique* zu Beginn des 19. Jahrhunderts in Frankreich auf. Auber, Hérold, Boieldieu und andere Komponisten schufen Werke, in denen die unmöglichen Ereignisse einer großen Oper durch Humor und Leichtigkeit des Anschlags ermöglicht wurden. Die Texte dieser Komponisten sind voller entzückender Melodien und vernünftiger und wahrer als viele bekanntere große Opern.

Dann kommt die Wagnersche Periode, in der das Drama die Musik überwiegt. In „Tristan und Isolde" wandte sich Wagner nach eigenem

Bekunden von vorgefassten Theorien ab und komponierte, wie es ihm innerlich einfiel. „Tristan" ist daher eher das Werk eines Künstlers als eines Theoretikers, und obwohl es auf dem *Leitmotiv* und bestimmten anderen wichtigen Strukturideen des Wagnerschen Schemas beruht, erhebt es sich weit über deren Beschränkungen und glüht im wahren Licht des Genies. In „Tristan" ist die Handlung der Psychologie angepasst. Es ist ein großes Kunstwerk und der schönste aller Widerrufe. In ihm erkennen wir, wie fein Mittel und Zwecke aufeinander abgestimmt sein können, wie klar Musik und Text vereint werden können, wie vernünftig der Einsatz des Leitmotivs ist, *wenn* es vor Leidenschaft flammende Wesen charakterisiert; wie das Lied unter dem Einfluss großer dramatischer Situationen erweitert werden kann; wie lebendig das Orchester die Handlungen interpretieren und sogar vorantreiben kann; wie sogar der Chor in das dramatische Schema eingefügt werden kann – überall in „Tristan" herrscht Einheit. Das trifft auf die meisten anderen Opern Wagners nicht zu. „Die Meistersinger" kommen in dieser Hinsicht „Tristan" am nächsten. Können wir nicht sagen, dass von allen Musikdramen Wagners „Tristan" und „Die Meistersinger" völlig unvermischt mit philosophischen Ideen und Theorien in seinem Bewusstsein blieben? In ihnen beschäftigt sich das *Leitmotiv* hauptsächlich mit Emotionen oder mit Eigenschaften von Personen und nicht mit unbelebten Objekten oder Ideen; in ihnen gibt es keine grandiose Bühnendarstellung; keine Perversität der Theorie, sondern nur schöne Musik, verbunden mit einem passenden Text.

Wagners Reformen mussten zwangsläufig eine Reaktion hervorrufen, die zu gegebener Zeit kam und zu kürzeren und direkteren Werken führte, wie denen der modernen Italiener. Außer Verdis „Otello" und „Falstaff" kommen keine Opern seit Wagner an die Größe seiner Musikdramen heran, und die Tendenz vieler dieser späteren Werke ging zu sehr in Richtung dessen, was wir gelinde als „Dekadenz" bezeichnen. Aber es besteht ein großer Unterschied zwischen der Wahrhaftigkeit und künstlerischen Gültigkeit von „Carmen" und der von „La Bohème" und „La Tosca". Erstere ist voller echter Leidenschaft, wie primitiv, brutal und niederschmetternd sie auch sein mag; und ihr technisches Können ist unbestritten.

Die interessantesten Phrasen der modernen Oper finden sich in den Werken der Russen. Es war unvermeidlich, dass sie unseren fein abgestimmten künstlerischen Mechanismus umwerfen würden. Dostojewskis „Die Brüder Karamasow" ist, als hätte es nie einen Meredith oder einen Henry James gegeben, und Mussorgskis „Boris Godunow" ist, als hätte es nie einen Mozart oder einen Wagner gegeben. Es hat etwas von jener amorphen Qualität, die ein Teil des russischen Lebens zu sein scheint, aber andererseits hat es eine enorme Vitalität. Wie erfrischend, eine Menge Bauern zu sehen, die wie Bauern aussehen, und sie ihre eigenen Bauernlieder singen zu hören; und welche Stabilität verleihen sie dem ganzen Werk! „Boris Godunow" schwebt sozusagen um diese Volkslieder herum, die ihm eine gewisse Realität und Wahrhaftigkeit verleihen.

V. Die Oper als menschliche Institution

Diese verschiedenen Werke gelten in der Musikwelt seit langem als große Meisterwerke der Opernform. Viele davon gehören praktisch nicht mehr zum aktuellen Repertoire unserer Opernhäuser. Wenn wir uns durchsetzen könnten – wenn das Publikum die Möglichkeit hätte, zwischen Gut und Böse zu wählen – würden wir sie oft hören. Und wer kann sagen, welche Ergebnisse ein kleines und gut geführtes Opernhaus mit Aufführungen guter Werke zu vernünftigen Preisen nicht bringen könnte?

Die Oper wird von ein paar reichen Männern kontrolliert, die es für einen Teil des Lebens einer großen Stadt halten, dass es ein Opernhaus mit einem guten Orchester, einer schönen Kulisse und den besten Sängern gibt, die es gibt. Es dient nicht dem Wohl der ganzen Stadt, sondern vielmehr dem Wohl der überreichen Geldbeutel. Sie unternimmt keinen Versuch, eine soziologische Kraft zu werden; es erkennt nicht einmal im Entferntesten, welche Möglichkeiten es in dieser Richtung besitzt. Opernhäuser und Opernkompanien werden gewissenhaft vor jeder soziologischen Kontrolle geschützt. Es wird immer wieder behauptet, sie seien Schauplätze von Intrigen; Sie setzen auf die Gesellschaft und auf die Liebe zum hochbezahlten Gesang. sie umgeben sich mit einer exotischen Atmosphäre, in der der normale Mensch Schwierigkeiten beim Atmen hat und die den Opernsänger oft in ein seltsames Exemplar der *Gattung* Mann oder Frau verwandelt; Sie gehen hin und wieder zugrunde und werden von den unnötig Reichen befreit; Sie sind zu wenig mit der Gemeinschaft verbunden, die sie unterstützt, außer in Form von Geld und gesellschaftlichen Konventionen.

Diese künstlichen und falschen Bedingungen bringen zwangsläufig Übel mit sich, aber diese Bedingungen und diese Übel sind hauptsächlich das Ergebnis unserer eigenen Selbstgefälligkeit. Wäre die Oper in irgendeiner Weise häuslich; wären Opernsänger zumindest bis zu einem gewissen Grad menschliche Wesen wie wir, die sich in einer vernünftigen Welt bewegen; würden wir uns die Oper anhören, wie wir zu einem Symphoniekonzert oder in ein Kunstmuseum gehen – um unsere Liebe zur Schönheit zu befriedigen und unsere Vorstellungskraft durch den Kontakt mit schönen Objekten anzuregen; wären die Aufführungsbedingungen so, dass wir die Worte hören könnten, dann würde die Oper eine schöne menschliche Institution werden, dann würde sie ihren Platz unter den edlen Träumen der Menschheit einnehmen.

In meinem Bemühen, zwischen guter und schlechter Oper zu unterscheiden, habe ich eine etwas willkürliche Grenze gezogen. Ich möchte nicht den Eindruck erwecken, dass ich alle Opern auf der einen Seite der Grenze für schlecht und auf der anderen für gut halte. Ich habe versucht, ein gerechtes Gleichgewicht herzustellen, indem ich bestimmte anerkannte Prinzipien der künstlerischen Konstruktion und des Ausdrucks angewandt habe. Von diesen Prinzipien, die die Grundlage des Lebens und damit der Kunst bilden, hat die Oper zu Unrecht Immunität beansprucht.

Und schließlich kommen wir zu dem Punkt in unserer Argumentation, an dem wir mit dem Denken ganz aufhören müssen. Denn für viele Menschen ist die Oper eine Art Faszination, die völlig außerhalb der Vernunft liegt. Sie weigern sich, sie als Diskussionsthema zuzulassen; sie genießen das Spektakel auf der Bühne und das Spektakel, an dem sie beteiligt sind; der Anblick von dreitausend Menschen, die so gut gekleidet sind wie sie selbst, tröstet sie; der schöne Gesang, die Kostüme und das Bühnenbild, das prachtvolle Orchester, das vor völlig ungezügelter Leidenschaft pulsiert – all das genießen sie in jener geistigen Trägheit, die ihnen so lieb ist. Bei einem Symphoniekonzert fühlen sie sich vielleicht ein wenig unwohl; hier gibt es keine Verpflichtungen. Kurz gesagt, für solche Menschen ist die Oper ein leicht verbotenes ästhetisches Abenteuer.

KAPITEL VI
DIE Sinfonie

I. WAS IST EINE SYMPHONIE?

Im ersten Kapitel habe ich die Natur der Musik selbst erörtert, um gewisse weitverbreitete Missverständnisse darüber auszuräumen und zu einer Einschätzung zu gelangen, was sie wirklich ist. In den dazwischenliegenden Kapiteln habe ich mich mit verschiedenen Phasen der Musik befasst: Ich habe sie im Zusammenhang mit Worten oder Handlungen, als soziologische Kraft und als eine Frage der Pädagogik erörtert und dabei musste ich alle möglichen nichtmusikalischen Faktoren in Betracht ziehen. Nun ist die Symphonie sogenannte „reine Musik"; sie existiert als ein gesondertes und eigenständiges Ding, dessen einziger Zweck darin besteht, schön und lebensecht zu sein. Darüber hinaus war sie immer weitgehend unabhängig von ihrem Publikum. Die Oper war den Launen der Sänger unterworfen, den Forderungen des Publikums nach schönen Kostümen und Kulissen; die Symphonie hingegen ist natürlich und frei gewachsen und wurde nur durch die langsame Entwicklung der Instrumente und der Spieltechnik behindert. Fast jede große Symphonie hat trotz des Widerstands des Publikums und vieler Kritiker Bestand gehabt; Die Sticheleien gegen Brahms' Erste Symphonie waren ebenso heftig wie jene gegen Beethovens Zweite Symphonie. Wenn ich also über die zweifellos größte aller musikalischen Formen spreche, möchte ich zunächst so genau wie möglich darlegen, was sie im Wesentlichen ist.

Eine Symphonie ist natürlich wie andere Musik eine Anordnung von rhythmischen Figuren, Melodien (normalerweise „Themen" genannt) und Harmonien. Doch bevor ich sie als solche beschreibe – bevor ich mich mit ihren Materialien, ihrer Form, ihrer Geschichte und ihrem Platz in der Musikkunst befasse – möchte ich sie ausschließlich als eine Sache der Schönheit behandeln, die durch Klang zum Ausdruck kommt. Viele Menschen scheinen Musik als eine Kunst zu betrachten, die sich mit Objekten oder Ideen beschäftigt. Manche, die in ihrer Kindheit nie dafür sensibilisiert wurden, halten sie für völlig bedeutungslos. Viele haben versucht, sie auf einem Instrument zu spielen, und sind gescheitert. Andere haben es geschafft, indem sie nur an die Technik dachten. Einige wenige Glückliche, von denen einige sie spielen können, andere nicht, geben sich damit zufrieden, sie so zu nehmen, wie sie ist, und lassen sich davon anregen. Dies sind die wahren Musiker, und wir alle sollten danach streben, uns ihrer glücklichen Gesellschaft anzuschließen.

Was wir eine Symphonie nennen, ist lediglich eine Reihe geordneter Klänge, die mit Instrumenten verschiedener Art erzeugt werden. Es ist gesund und nichts anderes. In unseren Programmbüchern erfahren wir von „ersten Themen" und „zweiten Themen", und wir bemühen uns, die verschiedenen brillanten Texturen symphonischer Musik zu einem kohärenten Muster zusammenzufügen, aber die Musik, die wir suchen, liegt hinter diesen äußeren Erscheinungsformen wie: In einem geringeren Sinne liegt die Bedeutung eines großen Gedichts in den eigentlichen Worten. So ist es auch mit der größten Kunst, welches Medium auch immer sein mag. Der Hauptunterschied zwischen einer Symphonie und jeder anderen Form künstlerischen Ausdrucks – etwa einem Roman, einem Theaterstück, einem Gemälde oder einer Skulptur – besteht darin, dass eine Symphonie keine Aufzeichnung von etwas anderem ist; es ist kein Bild von etwas anderem; es ist nur es selbst. Und es ist diese Qualität oder Eigenschaft des Seins selbst, die jeder reinen Musik ihre bemerkenswerte Kraft verleiht. Jedem intelligenten Menschen könnte, wenn man ihm ein Diagramm oder einen Plan eines symphonischen Satzes zeigt, klar gemacht werden, wie und warum das Material so angeordnet wurde, denn diese Anordnung wird dem Komponisten durch die Natur des Klangs sowie durch die Grenzen und Möglichkeiten des Klangs diktiert Menschen, und es entspricht bestimmten Prinzipien, die überall gelten; aber dieses Verständnis würde ihm die Symphonie nicht offenbaren.

In jedem von uns gibt es einen Bereich der Sensibilität, in dem sich Geist und Gefühl vermischen und von dem aus die Vorstellungskraft agiert, und genau diese Sensibilität spricht die Musik an. Nun kann die Vorstellungskraft, von der wir glauben, dass sie die höchste Funktion des Menschen ist, nicht allein aus dem Geist heraus wirken. Die Mathematik zum Beispiel liegt nicht ausschließlich in der Domäne des Geistes, und das Gleiche gilt auch für jeden anderen Bereich der Naturwissenschaften. Der Hauptwert des naturwissenschaftlichen Studiums in Schule und Universität liegt eher in der Anregung der Fantasie des Schülers als in der Aneignung wissenschaftlicher Fakten. Nun können wir uns keinen Akt der Einbildungskraft vorstellen, der nicht von der Ausstrahlung des Gefühls erstrahlt, so dass die Musik, wenn sie das ganze Wesen anspricht, nicht so völlig isoliert ist, wie allgemein angenommen wird. Aber die gleichzeitige Anziehungskraft der Musik auf den Geist und die Gefühle hat zu großer Verwirrung bei Schriftstellern geführt, die nicht für alle ihre Qualitäten sensibel waren. In seinem Aufsatz über „Bildung" sagt Herbert Spencer beispielsweise über die Verbindung von Wissenschaft und Poesie: „Es ist zweifellos wahr, dass Kognition und Emotion als Bewusstseinszustände dazu neigen, einander auszuschließen." Und es ist zweifellos auch wahr, dass eine extreme Aktivität der Gefühle dazu neigt, die Reflexionskräfte abzustumpfen: In diesem Sinne sind in der Tat alle Aktivitätsarten antagonistisch zueinander." Nun offenbart diese Aussage sofort die Grenzen eines philosophischen Geistes, wenn es um etwas geht, das auch die Wahrnehmung durch die Gefühle erfordert. Beim Musikhören beschäftigen sich die Reflexionskräfte nicht mit Objekten oder bestimmten Ideen, sondern mit reinem Klang, der nur mit sich selbst korrelieren muss, und der Zustand des gegenseitigen Ausschlusses zwischen Gedanken und Gefühlen besteht nicht mehr, weil die Musik Gedanken und Gefühle *in ihnen ausdrückt die gleichen Begriffe* . [9] Spencer spricht davon, dass die Wissenschaft voller Poesie sei, was wahr ist, aber seine Aussage über Musik offenbart die Unfähigkeit, sie zu verstehen. Und seine Missverständnisse über die Kunst im Allgemeinen lassen sich anhand der folgenden Beschreibung der Achse in der Skulptur in Bezug auf eine stehende Figur veranschaulichen: „Aber Bildhauer, die mit der Theorie des Gleichgewichts nicht vertraut sind, vertreten diese Haltung nicht selten so, dass die Richtungslinie in der Mitte zwischen den Füßen verläuft . Die Unkenntnis der Impulsgesetze führt zu analogen Fehlern; als Zeuge der bewunderte Discobolus, der, wie es dargestellt wird, in dem Moment, in dem der Quoit geliefert wird, unweigerlich nach vorne fallen muss." Diese Beobachtung geht völlig an den durchaus stichhaltigen Gründen für die Haltung dieser bemerkenswerten Statue vorbei und würde, wenn man sie auf die Bildhauerei im Allgemeinen anwendet, den berühmten „Sieg von Samothrake" und viele andere schöne Beispiele griechischer Bildhauerei zerstören.

Aber es ist doch seltsam und geheimnisvoll, dass diese geordneten Klänge uns so wertvoll sind; dass wir ihre gedruckten Symbole Generation für Generation bewahren und sie fortwährend als Klänge reproduzieren, weil wir sie als stark, beständig und wahr empfinden; dass wir nach vielen Generationen sogar sagen können, ihr Schöpfer sei ein weiser Mann gewesen, der eine tiefgründige Philosophie in sich trug. Aber es ist noch seltsamer, zu erkennen, wie überzeugend diese Philosophie im Vergleich zu jeder Philosophie der Vernunft ist, und zu sehen, wie tiefgründig das Gefühl der Versöhnung darin liegt – eine Versöhnung, die der Verstand vergeblich sucht. Unser Leben besteht aus Gedanken, Gefühlen und Handlungen, Phänomenen dessen, was wir sind, und im wirklichen Leben nie ganz miteinander vereinbar. Aber die Welt der Musik ist nicht das wirkliche Leben. Die Musik ist von wirklichen Phänomenen befreit und erreicht kraft dieser Freiheit eine vollständige und tiefgründige Philosophie – eine Philosophie, die nur für den Verstand unverständlich, aber für das gesamte Wesen verständlich ist. Die Stärke jeder Kunst liegt hauptsächlich in ihrer Loslösung von der Realität. Eine Skulptur gewinnt nicht dadurch, dass sie realistisch, malerisch oder dekorativ ist; im Gegenteil, sie ist am größten, wenn sie ideal, losgelöst und übermenschlich ist. Die Malerei gewinnt nichts, wenn sie kategorisch ist, sondern ist am größten, wenn sie etwas jenseits der äußeren, physischen Sicht sucht. Die Größe des Romans oder des Essays beruht auf seiner Fähigkeit, reale Personen, Dinge und Ideen mit jener größeren und tieferen Realität in Beziehung zu setzen, von der sie ein Teil sind. In diesem Sinne steht die Musik über allen anderen Künsten, weil sie am losgelöstesten ist. Die Elemente des Denkens und Fühlens werden in der Musik als Elemente dargestellt; der Gedanke ist nicht einmal abstrakt gedacht, denn es geht um nichts „um" irgendetwas; das Gefühl ist kein tatsächliches Gefühl und die Handlung ist keine wirkliche Handlung. Jede dieser Eigenschaften oder Zustände des Menschen wird hier in ihrem Wesen ausgedrückt, losgelöst von aller tatsächlichen Manifestation. Nur ein hocherfahrener Geist, nur ein Herz voll tiefen menschlichen Mitgefühls, nur ein energischer, kämpferischer Geist hätte solche Kompositionen erfinden und hervorbringen können, zum Beispiel die Dritte und Neunte Symphonie von Beethoven. Und doch sind sie nichts als Klang – weder der Gedanke noch das Gefühl noch die Handlung sind real.

Aber wir können auch mit Recht sagen, dass es in Conrads Roman nicht die Person Lord Jim ist, die uns bewegt, sondern vielmehr die tiefe Einsicht des Autors in die Elemente des menschlichen Charakters, die durch die zentrale Figur zum Ausdruck kommen. Ein Porträt von Velasquez ist ein Porträt der Persönlichkeit, die in der äußeren Erscheinung lebt. Die Figur des Pendennis ist nicht so sehr der so genannte Jüngling, sondern die Jugend selbst – Jugend, unbeschwert, aber an Tradition und Liebe gebunden. Alle große Kunst ist subjektiv und liegt im Kopf des Menschen.

Von diesem Standpunkt aus gehe ich also an die Symphonie heran. Ich muss mich jetzt nicht mit ihrer Geschichte, ihrer Form oder ihren Ausdrucksmitteln befassen, denn das ist nur nebensächlich, wenn man bedenkt, dass sie ein tiefgründiges menschliches Dokument ist. Reine Musik ist in ihrer höchsten Form der Wille des Menschen, und man darf bezweifeln, ob dieser Wille in irgendeiner anderen seiner Schöpfungen vollständig zum Ausdruck kommt. Sie umfasst alle seine Handlungen, alle seine Gedanken, alle seine Gefühle; sie übersetzt seine Träume; sie befriedigt seine unersättliche Neugier; sie rechtfertigt seinen Stolz (was er selbst nie tut); sie macht ihn zu dem Gott, der er sein möchte; sie ist wie eine Kristallkugel, in deren mystischen Tiefen sich das ganze Leben in einer Schattenphantasie bewegt.

II. WIE SOLLTEN WIR ES VERSTEHEN?

Es ist also offensichtlich, dass der einzige Weg, eine Symphonie zu verstehen, darin besteht, sie so zu akzeptieren, wie sie ist, und nicht zu versuchen, etwas anderes aus ihr zu machen. Musik ist keine Sprache; sie existiert nicht in anderen Begriffen, ist aber unübersetzbar. Wenn eine Trompete schmettert und Sie mit der Trompete eine der üblichen Assoziationen herstellen, wie eine Schlacht, eine Jagd, eine Proklamation, ein Signal, dann strömt Ihr Geist auf einen Strom fremder Ideen, der Sie überallhin tragen kann und Sie sicherlich immer weiter von der Musik selbst wegträgt. Jedes der Orchesterinstrumente hat seine eigene individuelle Assoziation – die Oboe erinnert Sie an eine Hirtenpfeife, die Flöte an den Gesang eines Vogels, das Waldhorn an die Jagd und so weiter; aber jedes der Instrumente im Orchester, wenn Sie es hören, bildet Linien und fügt sozusagen Farben zu einem großen Muster hinzu. Und dieses Muster, das an jedem Punkt immer vollständig ist, formt sich unaufhörlich immer wieder neu. Es ist immer vollständig und immer unvollständig, bewegt sich immer vorwärts, ist immer bereit für den unvermeidlichen Flug. Während Sie zuhören, haben Sie tausend Leben gelebt; ein Traum nach dem anderen hat sich in Ihrem Bewusstsein aufgelöst; jeder Moment war eine perfekte und vollständige Existenz für sich. Wenn es vorbei ist, erwachen Sie zu dem, was Sie Glück oder Unglück, Frieden oder Kampf, Zufriedenheit oder Kummer nennen; das unwirkliche Schauspiel der Welt drängt sich Ihnen wieder auf; Sie sind wieder ein Mensch. Warum sollten Sie von dieser herrlichen Welt, in der Ihre Natur befreit und Ihre Seele von Ihrem Körper befreit wurde, verlangen, alle Unvollkommenheiten dieser Welt anzunehmen? Die Götter wohnen notwendigerweise im Himmel. Nein, Sie können Musik nicht verstehen, indem Sie sie in andere Begriffe übersetzen oder indem Sie Ihre Assoziationen mit der Welt, in der Sie leben, bewahren. Geist und Gefühl, sublimiert durch die Magie dieser Klänge, müssen sich lösen und in eine Welt reiner Vorstellungskraft aufsteigen, in der es keine Örtlichkeit gibt.

Versöhnung! Eine Philosophie ohne Kategorie; eine Religion ohne Dogma; eine unzerstörbare Schattenwelt, die keine Erklärungen bietet, keine Meinungen verkündet und keine Mission hat – die vollständig in sich selbst existiert. Was sollen wir mehr verlangen? Warum zum Himmel um eine Manifestation schreien? Warum sich in ein sogenanntes „System" der Philosophie flüchten? Warum sollte man das ganze Problem auf ein Dogma beschränken? Welchen Trost hat es für ein Eichhörnchen in einem Käfig, die Anzahl seiner Gitterstäbe zu kennen? Ist unser langsamer und unvermeidlicher Fortschritt vom Unbekannten zum Unbekannten überhaupt bedeutungsvoller, weil wir gelernt haben, unsere intellektuellen, religiösen oder ästhetischen Perlen zu sagen, unsere kleinen Formeln zu murmeln und unseren Weg zu suchen, den Blick nach unten, zwischen den Steinen und Dornen, nie mit klarem Blick nach oben in die Sonne blicken? Wir haben immer nach einer vierten Dimension gesucht und hatten sie schon immer. Wir wollen, was wir nicht haben; wir möchten sein, was wir nicht sind; und die ganze Zeit waren sie in unserer Reichweite. Wir schaffen einen fernen Himmel, um auf diesen universellen Schrei zu antworten, wenn unsere Hand direkt an der Türklinke liegt. Unsere Vorstellungskraft gerät am meisten ins Stocken, wenn wir sie auf Dinge in unserer Nähe anwenden. Wo *kann* der Himmel sein, wenn nicht hier? Handelt es sich um einen Omnibus, in dem Sie sich gegen Bezahlung Ihres Fahrpreises einen bequemen Sitzplatz sichern können? Oder ist es ein Zustand Ihres Selbst, den Sie ständig anstreben und den Sie gelegentlich erreichen?

Das ist also meine These. Eine Symphonie ist nicht nur eine Anordnung von Rhythmen, Melodien und Harmonien; sie ist keine Aufzeichnung der Gedanken, Gefühle und Taten von Menschen; sie ist kein Bild des Menschen oder der Natur. Vielmehr stürzt sie sich von diesen ins Unbekannte. Sie ist reine Vorstellungskraft, befreit vom Wirklichen.

Das Vorstehende schließt in keiner Weise die Vorstellung einer Symphonie aus, die sich in Begriffen von Rhythmus, Melodie und Harmonie ausdrücken lässt. Was ich gesagt habe, soll verhindern, dass man sie *nur in diesen Begriffen* (und natürlich in noch niedrigeren Begriffen) auffasst. Unser physisches Gehör ist ein Übergang zur Vorstellungskraft, und wir wollen, dass das physische Gehör diesem Zweck dient. Nichts verzögert dies mehr als der Versuch, *den* Prozess zu intellektualisieren. Mit anderen Worten, das Anhören einer Symphonie sollte darin bestehen, sich ihr frei hinzugeben; sich selbst zu einem passiven Medium zu machen. Ihr Studium der Anordnung der Themen usw. sollte dem eigentlichen Erlebnis vorausgehen oder folgen. Und wenn Sie keine Muße oder Gelegenheit für ein solches Studium haben und ganz auf ein gelegentliches Konzert angewiesen sind, sollten Sie dennoch weiterhin dieselbe Untätigkeit an den Tag legen und der Musik selbst erlauben, Ihre Empfänglichkeit nach und nach zu steigern. Wenn der Geist damit beschäftigt ist, Ordnung aus Verwirrung zu schaffen, usurpiert er für den Moment die anderen Funktionen des Zuhörens. Und ich würde so weit gehen zu sagen, dass das eigentliche Ziel einer musikalischen Ausbildung darin bestehen sollte, einen Zustand der Beeinflussbarkeit durch reine Musik zu erreichen, der dem Geist, den Gefühlen und der Vorstellungskraft die Freiheit lässt, unbewusst und ohne aktive Lenkung und ohne Kampf zu agieren. Die Sache ist so offensichtlich. Da ist die Musik; hier ist die Person. Sie erwartet ihn. Sie wurde von ihm und für ihn geschaffen. Sie ist ohne ihn undenkbar. Sie ist sein Geist, der geläutert zu ihm zurückkehrt. Sie ist das Einzige, was er nicht beschmutzen kann und was ihn nicht beschmutzen kann, denn ihrer Natur nach kann sie nicht für niedere Zwecke verwendet werden. Was der Mensch sein möchte, ist er hier. Indem er dieses schöne Schauspiel des Lebens schuf, hat er, wie Conrad sagt, seine einzige Erklärung dafür gefunden. Wir sollten es also vermeiden, das eigentliche Erlebnis durch bewusste Konzentration auf die technischen Details zu verderben.

Was ich bisher gesagt habe, mag dem durchschnittlichen Besucher von Symphoniekonzerten nur wenig helfen. Ich habe dargelegt, was ich unter symphonischer Musik verstehe, und habe meine Leser ermahnt, sie nicht analytisch anzuhören. Aber ich möchte hier nicht versuchen, dem Musikliebhaber einen einfachen Weg zu ebnen; tatsächlich bin ich uneingeschränkt gegen diese allzu verbreitete Praxis des ästhetischen Schreibens. Es gibt keinen einfachen Weg, und der Versuch, einen zu finden, ist für jeden Fortschritt verheerend. Jeder, der ein wirkliches Verständnis ästhetischer Objekte erlangt hat, weiß, dass dieses Verständnis nur langsam gewachsen ist. Die charakteristische Schwäche unseres künstlerischen Status ist Selbsttäuschung. Wir sind nicht offen mit uns selbst; wir sind nicht bereit, unsere Unwissenheit zuzugeben; wir vertreten Meinungen, die nicht unsere eigenen sind. Die einzig mögliche Grundlage für Fortschritt in irgendetwas ist intellektuelle Ehrlichkeit. Informationen über eine Symphonie sind nutzlos, wenn die Musik selbst nicht wirklich ansprechend ist. Ich versuche also nicht, hier ein Allheilmittel anzubieten; genau das Gegenteil ist meine Absicht. Ich möchte lediglich zeigen, dass es sich lohnt, für die Symphonie zu kämpfen, und alle Missverständnisse ausräumen, die den Fortschritt derjenigen behindern könnten, die den Willen und die Ausdauer zum Kämpfen haben. Und wenn der Wille zum Kämpfen fehlt, kann nichts erreicht werden. Was man „geistige Ermattung" nennt, ist fast ein Widerspruch in sich selbst.

Es ist offensichtlich, dass eine angemessene musikalische Ausbildung unsere Probleme auf natürliche Weise gelöst hätte. Wenn man uns als Kinder beigebracht hätte, nur schöne Lieder zu singen; wenn wir darauf trainiert worden wären, Musik zu hören; Wenn unser Gedächtnis für musikalische Phrasen, Rhythmen usw. geschult wäre, könnten wir schnell alle Qualitäten einer Symphonie erfassen, denn alle unsere analytischen Überlegungen wären vorher erfolgt. Und nichts kann eine solche Bildung jemals ersetzen, weil der natürliche Geschmack für Musik, der in der Kindheit so stark ausgeprägt war, in uns verloren gegangen ist. Damit unsere erste Pflicht unseren Kindern gilt. Wir wollen, dass sie unsere Fehler vermeiden. In jedem Haushalt, in jeder Schule, ob öffentlich oder privat, sollte dieses Ideal des Musikunterrichts hochgehalten werden – nämlich, dass die Kinder durch ihre frühe Ausbildung so vorbereitet ins Leben treten, dass sie die beste Musik genießen können.

Ich betrachte eine Form reiner Musik als ein Sinnbild unserer höchsten Errungenschaft, denn wenn Musik mit Worten oder Handlungen verbunden wird, gibt sie gewisse Geiseln. Darüber hinaus entwickelte sich die Symphonie langsam unter dem Gesetz ihres eigenen Daseins und stellt die Anwendung jener allgemeinen Gesetze von Proportion und Gleichgewicht, von Einheit und Vielfalt auf die Musik dar, die allen künstlerischen Ausdruck bestimmen. Sie war nie fremden Einflüssen ausgesetzt; Popularität war nicht ihre treibende Kraft; Virtuosität hat ihr nie etwas diktiert. Wenn man die Symphonie versteht, kann man dieses Verständnis auf jede andere Form von Musik anwenden. Wenn man sie mit der Oper vergleicht, ist dieser Unterschied sofort offensichtlich. In der Oper existiert der Antagonismus, von dem Spencer zwischen Gefühls- und Erkenntniszuständen spricht, weil der Geist dort eher durch Objekte als durch reinen Klang angesprochen wird.

Die Symphonie spricht in ihren eigenen Begriffen; die Oper spricht in Begriffen von handelnden Charakteren, von Kostümen und von Kulissen sowie von Musik. Sogar die größten Opern veranlassen einen, über etwas außerhalb ihrer selbst nachzudenken – über menschliche Motive, wie sie in menschlichem Handeln zum Ausdruck kommen. Ob in „Don Giovanni" oder „Tristan" – obwohl die Musik große Höhen der Schönheit erreicht und zutiefst bewegend ist, gibt es den unvermeidlichen Kampf zwischen Sehen und Hören, die unvermeidliche Schwierigkeit zwischen einem gleichzeitigen Zustand der Erkenntnis und des Gefühls. Die Sinfonie entgeht diesem Dilemma vollständig. Zweifellos liegen ihr große Motive zugrunde; zweifellos ist auch sie ein Drama des menschlichen Lebens, denn sonst könnte sie als Kunstwerk nicht groß sein; aber das Spiel der Motive in einer Sinfonie ist hinter dem undurchdringlichen Schleier des Klangs verborgen. Die Dritte, Fünfte und Neunte Sinfonie von Beethoven sind wirklich dramatisch, aber nur in diesem Sinne. Sie reichen vom Zarten bis zum Schrecklichen; sie haben ihre eigenen emotionalen Höhepunkte; sie philosophieren, sie grübeln, sie grinsen wie eine komische Maske; Aktion und Reaktion folgen einander wie im Leben selbst; nichts fehlt außer dieser einen belanglosen Sache, der Realität. Kunst ist Wahrheit; Das Leben ist nur ein Schatten, der mit Sonnenuntergang zu Nichts verschwindet.

III. DIE MATERIALIEN DER SYMPHONIE

Ich habe gesagt, dass sich die Symphonie langsam nach den Gesetzen ihres eigenen Wesens entwickelt hat, und ich möchte kurz und (soweit möglich) in einfachen Worten darlegen, wie diese Entwicklung zustande kam. Wenn ich zum Anfang zurückgehen müsste, müsste ich darauf hinweisen, dass der ursprüngliche Unterschied zwischen Musik und Lärm in der Intensität der Schwingung und in der Gruppierung der Klänge in regelmäßige Reihen durch Akzente besteht. Eine Reihe unbetonter Töne macht keine Musik. Wenn eine Uhr beim Zwölfschlag durch Betonung bestimmter Schläge die ganze Zahl in regelmäßige Gruppen aufteilen würde, würde sie die Grundlage für Musik liefern. In jedem großen Stück Kampfmusik bilden diese Akzente und diese Impulse in Gruppen das Element, das uns dazu bewegt, selbst darauf einzugehen; wir schlagen den Takt mit der Hand oder dem Fuß; Wir sind von der Dynamik durchdrungen. Und die Kraft des Impulses lässt sich am Ende fast jedes Musikstücks beobachten, bei dem konventionelle Akkorde den Stress mildern. Die letzten vierzig Takte der Fünften Symphonie Beethovens stellen eine Art Bremse für die riesige bewegte Masse dar. Chopins Polonaise, Opus 26, Nummer 1 hingegen endet nicht; Es hört auf. In Fieldings „Tom Jones" wird die Dynamik der Handlung so weit fortgeführt, dass der Höhepunkt auf einen Punkt gefährlich nahe am Ende des Buches verschoben wird, der uns ein Gefühl der Atemlosigkeit oder sogar der Verärgerung hinterlässt. Wenn dieser Impuls in der Musik extrem stark ist, wirkt sich jede vorübergehende Verschiebung fast wie eine Katastrophe aus – wie im ersten Satz von Beethovens Dritter Symphonie, wo große Zweierakkorde auf bereits etablierte metrische Dreiergruppen treffen. Innerhalb der metrischen Gruppen kann es allerlei Unterteilungen geben, die in der Musik den sogenannten „Rhythmus" bilden. Kurz gesagt, Rhythmus ist die Vielfalt, die jede Melodie den regelmäßigen Beats auferlegt, die ihre Zeitbasis bilden.

Aus dieser rhythmischen Bewegung erhält die Symphonie ihre Wirkungsqualität, und die Vorläufer der Symphonie in dieser Hinsicht waren die alten Volkslieder und Tanzweisen, deren Melodien von rhythmischer Vielfalt geprägt sind. Die Grenze zwischen diesen frühen naiven Kompositionen und der symphonischen Musik wurde nie durchbrochen, und es gibt kaum eine Symphonie, die ihnen nicht direkt Tribut zollt.

Ich verweile ausführlich bei diesem Punkt, weil hier ein großer Teil der Energie der Musik liegt. Die rhythmischen Figuren, auf die ich bereits hingewiesen habe, enthalten eine Urkraft. Sie sind in der Lage, Teile von sich abzuwerfen, und diese leben, gefangen in der primären Umlaufbahn, als getrennte Identitäten, bis die zu starke Anziehungskraft der größeren Masse sie wieder aufnimmt. Als Rhythmus ist eine symphonische Bewegung also wie sublimierte physische Energie. Sobald die ersten Schwingungen ihres Impulses unser Bewusstsein treffen, werden wir in eine Welt der Bewegung hineingezogen, die die Unvermeidlichkeit von Sternenbahnen besitzt. Wir selbst sind ganz Rhythmus – gefangener Rhythmus, der auf seine Erlösung wartet. In der Musik werden wir eins mit all dieser unaufhörlichen Bewegung oder Schwingung, ohne die es überhaupt keine physische oder spirituelle Welt gäbe. Ich behaupte also, dass der Rhythmus das eigentliche Herz der Musik ist; dass wir alle dafür empfänglich sind (obwohl vergleichsweise wenige Menschen ihre Hände, Füße oder Körper im perfekten Rhythmus bewegen können – es wäre viel besser für sie, wenn sie es könnten!), wir aber nicht ganz erkennen, welche Bedeutung es als ästhetische Eigenschaft der Musik hat. Wenn das Herz der Musik aufhört zu schlagen (wie in einem von Beethovens Scherzi), sind wir überrascht oder vielleicht beunruhigt, weil wir nicht auf die wunderbare Stille reagieren; wenn zwei oder sogar drei Rhythmen gleichzeitig wirken, sind wir verwirrt und hilflos angesichts des faszinierendsten aller ästhetischen Phänomene.

Lassen Sie mich als nächstes kurz auf das Element in der Entwicklung der symphonischen Musik eingehen, das in der gleichzeitigen Verwendung mehrerer Themen besteht. Würden wir dies auf seinen Ursprung zurückführen, müssten wir uns im neunten Jahrhundert wiederfinden. Nun, obwohl ich weiß, dass dies nicht der richtige Ort für eine Dissertation über abstruse musikalische Begriffe ist, werde ich so viel wagen, nicht nur, weil diese Schreibmethode in fast jeder wirklich guten Musik verwendet wird, sondern weil sie einen großen Teil des Vergnügens ausmacht Was sich aus dem Hören einer Symphonie ableiten lässt, hängt von unserer Fähigkeit ab, den verschiedenen Melodiesträngen zu folgen, aus denen sie besteht. Ist das nicht auch mit dem Roman so? Das Hauptthema von Merediths „Der Egoist" ist von unzähligen Gegenthemen durchzogen und umgeben. Es ist keineswegs nur bei Sir Willoughby zu finden, denn Sie verstehen es durch Vernons gesunden Menschenverstand, durch Claras pfeilschnelle Intuition, durch Mr. Middletons geduldige Überraschung, eine solche Tochter zu haben, durch Letitia, Crossjay und Horace De Cray – all dies erklärt und beleuchtet das Thema kontinuierlich für Sie. Es ist wahr, dass die Musik Sie dazu auffordert, mehrere Melodien gleichzeitig anzuhören, aber was fordert Sie die Episode, in der Crossjay unwissentlich Sir Willoughbys verspätete Erklärung gegenüber Letitia anhört, dazu auf? Reicht es aus, nur die Szene aufzuzeichnen, während sie sich vor Ihnen abspielt? Oder erinnern Sie sich an Crossjays Vater, der in schlecht sitzender Kleidung die Allee entlang stapfte? Claras Fürsprache für Crossjay? Vernons Versuche, sich an Sir Willoughbys überhebliche Großschwierigkeit anzupassen? Und müssen Sie sich nicht besonders daran erinnern, dass Crossjay von Sir Willoughby aus seinem Zimmer ausgesperrt worden war und die Ottomane als Zufluchtsort gesucht hatte? Dies alles sind Stränge der Hauptmelodie dieser bemerkenswerten Komposition. (Es sind nicht alle Stränge vorhanden, denn Satire sagt nie die ganze Wahrheit. „Tony" in Ethel Sidgwicks „Promise" und „Succession" ist ebenfalls ein Egoist.) Ein Roman ist in diesem Sinne also nicht aufeinanderfolgend, sondern *gleichzeitig* . Alles, was war und alles, was sein wird, existiert in jedem Moment des Lebens, denn das ist alles, was wir „die Gegenwart" nennen. Der Hauptunterschied zwischen einem solchen Charakterspiel um eine Idee und der Bewegung vieler musikalischer Themen um eine zentrale Idee liegt in der losgelösten und vergeistigten Qualität des Klangs.

Es liegt auf der Hand, dass Musik, die für ein Orchester mit zwanzig oder mehr verschiedenen Instrumenten und Dutzenden von Interpreten geschrieben wurde , eine große Ausdrucksvielfalt aufweisen muss. Jedes Instrument hat seine eigene Klangfarbe, seinen eigenen Bereich und seine eigene Technik, und jedem muss seine eigene Aussage gegeben werden. In diesem Sinne ist symphonische Musik ein kompliziertes Geflecht von Melodien, von denen jede ihren eigenen Zweck verfolgt und Teil des Ganzen ist. In keiner anderen ihrer vielfältigen Ausdrucksmöglichkeiten ist die Sinfonie eine strengere und umfassendere Entwicklung als in dieser komplexer melodischer Texturen. Es hat keine Unterbrechung gegeben. Seit ihrem ersten großen Moment der Vollkommenheit in der Zeit Palestrinas hat sich diese Schreibmethode durch Madrigal und Fuge, in Suiten konventionalisierte Tanzmelodien, Orgelstücke, Oratorien und dergleichen erhalten. Wagner stützt seine gesamte musikalische Struktur auf das Spiel und Zusammenspiel der Melodielinien in seinen *Leitmotiven* . Bach besteht ganz aus melodischer Textur. Auf diese Weise geschriebene Musik heißt „polyphon" und die Methode, sie zu schreiben, heißt „Kontrapunkt".

Im direkten Gegensatz dazu steht „monodische" Musik, die nur eine Melodie mit einer Akkordbegleitung verwendet. Ein großer Teil der Musik, die wir hören, ist monodisch; eine Arie von Puccini, ein populäres Lied, die meiste Kirchenmusik – sie alle haben nur eine Melodie. Das gilt auch für Poes „For Annie". Polyphone Musik hat den großen Vorteil, dass sie in ihrem Ausdruck intensiv ist; sie entwickelt sich aus sich selbst heraus. Wenn ich sage, dass fast der gesamte erste Satz von Beethovens Neunter Symphonie aus ein paar Takten am Anfang entstanden ist, meine ich damit, dass die melodischen Fragmente des Themas ein Eigenleben entwickeln und dadurch die Bedeutung der ursprünglichen These, aus der sie hervorgegangen sind, veranschaulichen und erläutern. Diese Qualität oder Eigenschaft der Musik, auf die ich so viel Wert gelegt habe, ist also nicht so sehr eine Frage der Technik als der Ästhetik. Die Handlung und die Art und Weise, wie sie ausgeführt wird, sind jeweils das Ergebnis allgemeiner Gesetze, und ich wage es, hier näher darauf einzugehen, nicht aus fachmännischen, technischen Gründen, sondern weil ich dem Zuhörer von Symphonien eine seiner schönsten Gelegenheiten bieten möchte. Abschließend sei noch die wichtige Tatsache erwähnt, dass nur jene symphonischen Themen, die einen abwechslungsreichen und lebendigen Rhythmus haben, dem Zweck des Kontrapunkts gut dienen, denn das Wesen des instrumentalen Kontrapunkts besteht darin, zwei oder mehr melodische Phrasen in kontrastierenden Rhythmen einander gegenüberzustellen.

Damit will ich nicht sagen, dass symphonische Musik konsequent Kontrapunkt anstelle einfacher Melodien verwendet. In den Symphonien von Haydn, Mozart und Beethoven gibt es ganze Passagen, in denen eine Melodie mit Akkordbegleitung gespielt wird, und ein Lyrikkomponist wie Schubert verwendet Kontrapunkt eher selten. Aber in den größten Symphonien ist die vorherrschende Ausdrucksmethode die Polyphonie.

Beim Schreiben über den Kontrapunkt habe ich mich mit der rhythmischen Qualität der Melodie befasst und festgestellt, dass ein klar definierter und abwechslungsreicher Rhythmus für die kontrapunktische Behandlung unerlässlich ist. Ich hätte fast sagen können, dass jede gute Melodie vom Rhythmus abhängt. Ich behaupte tatsächlich – und erwarte von einigen meiner Leser so manchen stillen Protest –, dass alle großartigsten Melodien einen fein abgestimmten Rhythmus haben, und ich wende diese Aussage auf alle Melodien vom Volkslied bis zur Gegenwart an. Ich könnte schöne Melodien aufzählen, deren Wirkung von anderen Eigenschaften als dem

Rhythmus abhängt – wie die zweite Melodie in Chopins Nocturne in G-Dur, Opus 37, Nummer 2 –, aber ich sollte hinzufügen, dass sie als eigenständige Melodie nicht in Ordnung ist und der Grund dafür ist, dass sein Rhythmus eintönig ist. [10] Und wenn ich sage, dass es nicht in Ordnung ist, meine ich, dass es nicht sehr einfallsreich ist und dass es zu sehr auf seine Harmonisierung angewiesen ist. Und wenn ich das wiederum sage, meine ich zwangsläufig, dass es zu emotional ist. Der Unterschied zwischen einem solchen Thema und einem mit einem wirklich feinen Rhythmus ist der Unterschied zwischen Poes „Der Rabe" und Keats' „Ode an eine griechische Urne". Im ersten Fall wird der Geist ständig durch die sanften Wellen der Rhythmen und Reime eingelullt; in letzterem Fall wird der Geist ständig durch ihre Komplexität stimuliert. Doch Keats' Ode ist ebenso einheitlich wie Poes Lyrik. Es gibt Melodien für Lieder für Klavier, Violine und Orchester; Es gibt Sonatenmelodien und es gibt symphonische Melodien, genauso wie es eine Form für ein Beil und eine Form für eine Schere gibt – was nur noch einmal das alte Gesetz zum Ausdruck bringt, dass der Stil zum Ausdrucksmittel passen muss, oder dass die Form muss zu dem Verwendungszweck einer Sache passen. Symphonische Themen sollten im Gegensatz zu Themen für Lieder oder kurze Klavierstücke oder Tänze nicht schlüssig sein; Sie sind wertvoller für das, was sie ahnen, und nicht für das, was sie sagen, und sie sollten ihr eigenes Schicksal anzeigen. Die vier Noten, mit denen die Fünfte Symphonie von Beethoven beginnt, sind zwar so – tatsächlich ist das gesamte Thema für sich genommen wertlos –, aber sie enthalten genug aufgestaute Energie, um nicht nur den ersten Satz, sondern auch die drei darauf folgenden Sätze zu beleben. Wenn es jedem Leser dieser Worte möglich wäre, als Zwischenspiel zu seiner Lektüre eine Reihe großer symphonischer Melodien zu hören, und wenn er ihnen aufmerksam zuhören würde, würde er feststellen, dass fast jede von ihnen einen fein abgestimmten Rhythmus enthält.

Symphonische Themen bereiten dem Hörer, dessen Melodieverständnis auf eine streng strophische Melodie beschränkt ist, gewisse Schwierigkeiten. Er ist an eine bestimmte musikalische Interpunktion gewöhnt – ein Komma (sozusagen) nach der ersten und dritten Zeile der Musik, ein Semikolon nach der zweiten und ein Punkt am Ende. Und wenn er dann noch einen zusätzlichen Punkt eingeschoben bekommt (wie nach der dritten Zeile der Melodie „Amerika"), ist er umso glücklicher. Wenn er hört, wie das Eröffnungsthema der „Eroica"-Symphonie in der Mitte in zwei Teile zerbricht und auseinanderfällt, wird er entmutigt, denn seine musikalische Vorstellungskraft ist noch nicht ausreichend entwickelt, um zu erkennen, dass gerade dieses Auseinanderbrechen den tragischen Aufruhr des gesamten Satzes ankündigt. Wenn Brahms in den Eröffnungstakten seiner Dritten Symphonie zwei Themen gleichzeitig vorgibt, begreift er das darin enthaltene

Element des Streits nicht und kann daher den Verlauf bis zum endgültigen Triumph eines der beiden Themen nicht verfolgen.

Aber die Symphonie enthält alles, und es gibt einen Platz darin für lyrische Melodien, vorausgesetzt, der Flug ist lang und mitreißend. Der „langsame Satz" einer Symphonie enthält solche Themen, aber sie geben sich nicht damit zufrieden, nur schöne Melodien zu sein. Auch sie müssen eine gewisse Potenzialität enthalten, die später realisiert wird. Das beste und bekannteste Beispiel findet sich in Beethovens Fünfter Symphonie, wo sich die erste rhythmische Einheit (enthalten in den ersten drei Noten) des schönen romantischen Themas löst und ein fast skandalöses Dasein voller zarter Streiche, Grimassen und komischer Witze fristet und dreht sich mal sanft, mal ironisch, mal vorgetäuscht sentimental, bis es schließlich wieder zum Thema zurückkehrt. Bei diesem Stück handelt es sich um einen Liebesroman mit einem Hauch von Komik – einen Liebesroman, der groß genug ist, um alle Nebenspiele zu ertragen, ohne dass seine Qualität auch nur im Geringsten beeinträchtigt wird.

Jeder Versuch in einem Buch wie diesem, die Feinheiten der harmonischen Entwicklung, wie sie in der Symphonie zu sehen ist, zu erklären, muss ergebnislos bleiben. Harmonie ist an sich weniger greifbar als Rhythmus oder Melodie, da ihr das Element der Kontinuität weitgehend fehlt. Damit meine ich, dass Gruppen von Harmonien keine Kohärenz zueinander besitzen. Sie bleiben nicht wie eine Melodie im Gedächtnis; Der Eindruck, den wir von ihnen gewinnen, ist flüchtig. Es kann einen kurzen Moment in einem Musikstück mit Licht berühren oder beschatten (wie es in Schuberts Kompositionen häufig der Fall ist); es kann einen verwirrenden Farbenrausch hervorrufen (wie in hochmoderner Musik); oder es kann das ganze Stück mit einem gedämpften Schatten überziehen (wie im langsamen Satz von Francks Quintett). Aber die eigentliche Aufgabe der Harmonie besteht darin, der Melodie zu dienen. Damit meine ich, dass, wenn zwei oder mehr Melodien zusammen erklingen, an jedem Berührungspunkt Harmonie entsteht, und dass diese Harmonie, die mit der Bewegung melodischer Teile einhergeht, eine Realität hat, die Akkorde allein nicht erreichen können. Und die ganze Rechtfertigung für viele Klänge der hochmodernen Musik liegt in dieser einen vollkommen richtigen Theorie. Nicht, dass die Gesetze nicht befolgt werden müssten – was häufig der Fall ist; nicht, dass ein Komponist die Natur verletzen und tun könnte, was er will. Er muss, wie schon immer, alle Dissonanzen, die sich aus seinen melodischen Abenteuern ergeben, mit der Vernunft rechtfertigen. Er sollte sich an Bach erinnern, dessen Melodien in einer unvergesslichen Heftigkeit aufeinanderprallen und so seltsame Schönheitsblitze hervorrufen, wie sie nur aus einem Krieg der Themen entstehen können.

Die Symphonie ist also eine Anordnung von Rhythmen, Melodien und Harmonien. Jedes dieser drei Elemente hat sein eigenes Leben – die Rhythmen insgesamt haben ihre eigene Kohärenz, die Melodien ihre und die Harmonien ihre – aber jedes gehört zum Ganzen. Der Rhythmus von Poes „Für Annie" wäre ein unmöglicher Rhythmus, um die Ziele irgendeines Teils von „Der Ring und das Buch" zu erreichen. Ebenso nutzlos wären die Rhythmen von Schuberts „Unvollendeter" Symphonie, um die Ziele von Beethovens Neunter zu erreichen. Die gesamte Struktur von Poes Gedicht würde zerfallen, wenn ein einziges Wort aus der Fassung geriete; ebenso würde das Gewebe einer Melodie von Schubert zerfallen, wenn eine Note zerstört würde.

In jede Richtung, wohin wir auch schauen, offenbart sich dieser Zusammenhalt aller Objekte in sich selbst, diese Verschmelzung aller Objekte zu einem größeren Körper. Dies ist die Grundlage aller religiösen Überzeugungen, aller Romane, der Komposition eines Bildes oder des Lebens selbst. Zu sagen, dass eine Symphonie aus einzelnen Elementen besteht, dass jedes dieser Elemente ein Eigenleben hat und dass sie sich alle zu einem gemeinsamen Zweck vereinen, ist eine Binsenweisheit. Und anzunehmen, dass eine Symphonie verstanden werden kann, ohne alle ihre Elemente zu verstehen, ist eine absurde Annahme.

IV. TONFARBE UND DESIGN

So haben sich die Elemente der symphonischen Musik entwickelt. Die Prozesse, die ich beschrieben habe, sind die natürlichen Prozesse einer Kunst, die ständig nach einem breiteren und tieferen Ausdruck strebt. Und menschlich gesprochen ist es nicht übertrieben zu sagen, dass in uns selbst eine völlig analoge Entwicklung und diese Prozesse stattfinden sollten. Die Verbindung zwischen uns und den Klängen kann sich von der völligen Unbewusstheit ihrer Bedeutung (auch wenn wir alle Klänge deutlich hören) bis zu dem Zustand entwickeln, in dem sie Feuer in unseren Seelen entfachen, und zwischen der Vorstellungskraft des Komponisten und unserer eigenen geht jener Funke unvergänglichen Feuers hin und her, der unser ganzes Wesen erleuchtet. Denn letzten Endes ist es nicht so sehr die Musik, die sich mitteilt, sondern die Seele des Komponisten, die uns über jeden Zeitabschnitt hinweg erreicht. Wer Schönheit schafft, ist unsterblich.

Ist das nicht das, was wir suchen? Ist das nicht überall der Gegenstand aller Schönheit? Versucht es uns nicht ständig zu sehen, ob wir im Einklang sind? – wie es in der Tat alles andere ist: Arbeit, Liebe, Objekte, Wissen, Religion – all das wartet auf unsere Antwort.

Aber ich sollte diesen Teil meines Themas nicht verlassen, ohne die Beziehung zwischen diesen Elementen der symphonischen Musik und den Orchesterinstrumenten darzulegen, durch die sie ihren Ausdruck finden. Ich möchte hier nicht versuchen, die Orchestrierung als solche darzustellen, sondern vielmehr darauf hinweisen, dass in der symphonischen Musik die Qualität des Tons die Essenz einer Idee vermittelt. Der Ton des Instruments ist wie der Tonfall der Stimme beim Sprechen, wobei die Wahrheit vermittelt wird, obwohl Sie eine Unwahrheit sagen. Ein Eid könnte ein Gebet sein, wenn es nicht den Tonfall gegeben hätte.

Das Klavier, die Geige oder jedes andere einzelne Instrument haben nur wenig Klangvielfalt; das Orchester dagegen hat nicht nur vier verschiedene Instrumentengruppen, von denen jede ihre eigene Klangqualität hat, sondern innerhalb zweier dieser Gruppen [11] gibt es beträchtliche Unterschiede in dem, was man „Klangfarbe" nennt. Es ist nicht sehr wichtig zu wissen, dass das Solo am Anfang des langsamen Satzes der Sinfonie von César Franck auf einem Englischhorn gespielt wird, aber es ist wichtig, die Klangqualität zu spüren und zu erkennen, wie sehr die Wirkung des Themas davon abhängt. Aus irgendeinem unerfindlichen Grund bleiben viele Menschen unempfindlich gegenüber Klangfarbenqualitäten. (Vielleicht haben sie ihre musikalische Ausbildung am Klavier erhalten, das sich in ungeübten Händen nur in laut und leise unterscheidet.) Man sieht so selten einen Zuhörer, der sich über die Mätzchen von Beethovens Kontrabässen amüsiert, und doch ist ihr Verhalten in mindestens vier seiner Symphonien manchmal äußerst lächerlich. Er, dessen Humor vom zartesten, ironischsten Lächeln bis zu einem schrecklichen, tragischen Lachen reicht, in dem Freude und Trauer aufeinandertreffen – wie es der Fall ist, wenn beides zu weit geht –, erreicht diese bemerkenswerten Effekte größtenteils durch die Klangqualität der Instrumente. In seiner Fünften Symphonie erzeugt er den aufregendsten Effekt durch einige oder mehr wiederholte Noten in den weichen, gedämpften Tönen der Pauke. Im Finale der Ersten Symphonie von Brahms ist es der Ton des Waldhorns und erneut der Flöte, der für uns so tiefe Illusionen der Schönheit schafft, dass sie bis in unsere Seele dringen. Aus den Tiefen des Orchesters singt das Horn sein edles Lied; dann folgt das liebliche Blasrohr der Flöte, das dasselbe magische Thema singt. Diese abwechslungsreichen Töne, die aufeinander folgen oder ineinander übergehen – das sind die Farben, die die Formen beleben und verschönern, in die die Gedanken fallen. Welch zartes, unsinniges Filigran zeichnen die Violinen im langsamen Satz von Beethovens Fünfter Symphonie; wie grabesähnlich das Fagott mit seiner gespielten Traurigkeit; welch lebendige Qualität verleihen die Violoncelli und Kontrabässe der großen Melodie im Finale der Neunten; mit welcher Eindringlichkeit bringt die Klarinette die Stimmung des zweiten Themas im langsamen Satz von Brahms' Dritter Symphonie zum Ausdruck. Wie üppig und lebendig ist die Anwendung all dieser unterschiedlichen Farbtöne auf das Design.

Eine gute Singstimme hat vielleicht die schönste aller Klangfarben, doch die Sensibilität vieler Menschen scheint sich allein darauf zu beschränken. Tatsächlich ist die Liebe zum Singen in vielen Fällen lediglich ein sentimentaler Nervenkitzel, der nichts mit irgendeinem intellektuellen Prozess zu tun hat und völlig frei von Vorstellungskraft ist. Im Orchester ist der Klang des Instruments für das Thema selbst so wichtig wie die Farbe für die Rose. Es ist natürlich viel mehr als das, denn es ist jederzeit sowohl retrospektiv als auch prospektiv; *Diese* Klangfarbe ist ein dunklerer oder hellerer Farbton dieses *oder* vielleicht auch ein ganz anderer Farbton. Die Farben verändern sich von Moment zu Moment, immer als Teil des Designs und nicht als bloße Farbe.

Alles zusammen – Rhythmus, Takt, Melodie, Harmonie und Klangfarbe – ist diese Substanz einer Symphonie eine wunderbare Sache. Der Geist und die Vorstellungskraft des Menschen haben noch nie etwas so Feines geschaffen. Mit einem Zusammenspiel der Teile, das dem einer fein eingestellten Maschine fast gleicht, scheint sie dorthin zu gehen, wohin sie will, unabhängig von allem außer einer Laune. Wie wunderbar bringt sie sowohl die Handlungen als auch die Träume der Menschen zum Ausdruck; wie wahr ist sie ihrem tieferen Bewusstsein – einem Bewusstsein, das Leben und Tod vage ergründet; das weiß, dass es aus allen Zeitaltern stammt und sich als Teil der kommenden Zeitalter fühlt. Es ist genauso wahrscheinlich, dass das Leben ein kurzer, schattiger Moment in einem endlosen Licht ist, wie dass es „ein schnelles, blinkendes Stolpern über einen Sonnenstrahl" ist.

FUßNOTEN:

[9] Ich habe im ersten Kapitel dargelegt, welche Berechtigung es gibt, das Wort „intellektuell" in Bezug auf Musik zu verwenden, und ich spreche hier von Denken in diesem Sinne.

[10] Als Beispiele für Melodien mit fein abgestimmten Rhythmen kann ich das Thema des langsamen Satzes von Beethovens Klaviersonate op. 13 und das des langsamen Satzes von Brahms' Klavierquartett op. 60 nennen.

[11] In der sogenannten „Holzbläser"-Gruppe gibt es Flöten, Oboe, Klarinetten, Fagotte, Englischhorn usw.; In den Blechbläsern gibt es Trompeten, Waldhörner, Posaunen, Tuben usw.

KAPITEL VII
DIE SYMPHONIE (*Fortsetzung*)

I. DIE EINHEIT DER SYMPHONIE

Für den gewöhnlichen Zuhörer einer Symphonie besteht die große Schwierigkeit darin, ihr als Ganzes einen „Sinn" zu verleihen. Er mag bestimmte Themen und ist vielleicht in der Lage, ihre abwegigen Irrwege zu verfolgen, aber er behält keinen umfassenden Eindruck von der Symphonie als Ganzem und kann sie sich vielleicht nie als etwas anderes als eine Reihe interessanter oder uninteressanter Musikpassagen vorstellen . Nun ist es offensichtlich, dass eine Kunst des reinen Klangs, wenn sie überhaupt eine Bedeutung haben soll, eine vollständige Kohärenz *in sich selbst haben muss* , und dass diese Kohärenz umso notwendiger wird, je länger die Klänge andauern. Das ist natürlich das Problem aller Musik. Auch die Oper muss eine gewisse musikalische Kohärenz aufweisen, denn sie kann nicht ausschließlich auf den Zusammenhalt durch Text und Handlung angewiesen sein; Sogar das Lied muss zusätzlich zu dem (zufälligen) Sinn der Worte einen musikalischen Sinn ergeben. Geben Sie einem Stück Programmmusik den leuchtenden, romantischen oder sogar eindeutigen Titel, den Sie wünschen – nennen Sie es „Die Hebriden" oder „Tod und Verklärung" oder lassen Sie sich auf einen Titel wie „Ein einfaches Geständnis" zurück – Sie muss Ihrer Musik trotzdem Kohärenz verleihen. Tatsächlich mindern die Titel von Programmmusikstücken die Verantwortung des Komponisten nicht im Geringsten, und es gibt kein schönes Stück dieser Musik, das nicht den allgemeinen Formgesetzen der Musik gehorcht. Der Titel ist schließlich nur eine Anregung, ein Hinweis, eine Atmosphäre. Schumanns „Der glückliche Bauer" ist einfach nur lustig; es ist nicht einmal idyllisch, und man sucht vergebens nach dem Bauern; „Träumerei" ist rhythmisch vage gehalten, um die Illusion von Träumerei zu erzeugen, weist aber dennoch völlige musikalische Kohärenz auf; „Tod und Verklärung" von Strauss enthält keinen Hinweis darauf, dass seine Form seinem sogenannten „Thema" geopfert wurde, und das Wagnersche *Leitmotiv* ist suggestiv und nicht didaktisch.

Die Entwicklung der Form in der Symphonie ist ein zu umfangreiches Thema, um hier behandelt zu werden, aber es gibt bestimmte grundlegende Aspekte, auf die ich bedenkenlos näher eingehen kann, da sie Gesetzen gehorchen, die überall gelten. Um zu verdeutlichen, was ich meine, möchte ich sagen, dass eine Kunst, deren grundlegende Qualität die Bewegung ist, als Problem die Disposition einer bestimmten Gruppe von Themen oder Melodien innerhalb einer bestimmten Zeitspanne haben muss. Der Unterschied zwischen dieser Kunst und der Malerei besteht darin, dass es in der Musik um die Frage „Wann?" geht. im Gemälde „Wo?" In diesem Sinne steht die Literatur der Musik näher als die Malerei, und ich werde kurz auf einige Analogien zwischen literarischen und musikalischen Formen hinweisen. Ich habe im ersten Kapitel das grundlegende Syntheseprinzip der Musik dargelegt, das darin besteht, dass keine Reihe von Klängen, die zu einer Melodie geformt werden, die Ersetzung durch andere Reihen lange überleben kann, es sei denn, es erfolgt eine Neuformulierung oder zumindest eine Erinnerung daran Erste. Es gibt keine Musikform , die diesem Prinzip nicht direkt oder indirekt Tribut zollt. Und dies gilt, stark verändert durch das Medium Sprache, auch für die Literatur. Die meisten Romane enthalten gegen Ende einen „Rückblick auf befahrene Straßen"; Eine zu große Abweichung von einer These erfordert eine gewisse Neuformulierung derselben. Der erste Auftritt von Sandra Belloni wird durch ihren Gesang im Wald in der Nähe des polnischen Landhauses angekündigt. Der Epilog zu „Vittoria" endet mit der Szene in der Kathedrale: „Carlo Merthyr Ammiani steht zwischen Merthyr und ihr, die Hände des alten blinden Agostino auf dem Kopf." Und dann noch einmal, und zwar ausnahmsweise, war ihre Stimme in Mailand zu hören." Die unwesentlichen Charaktere und Motive von Sandra Belloni verschwinden in „Vittoria" – Mrs. Chump, ein erfolgloser Aufsatz bei Dickens, gerät verdient in Vergessenheit; so auch die „Nice Feelings" und die „Fine Shades"; aber die Anwesenheit von Merthyr in der Kathedrale ist für diese Situation ebenso notwendig wie die Abwesenheit von Wilfred. „Krieg und Frieden" wäre eine unvollständige Masse von Personen, Szenen und Ereignissen, wenn es nicht hier und da gewisse Rückblicke gäbe, die die ganze Masse zusammenhalten. „Der Idiot" ist ein eindrucksvolles Beispiel, denn der frühe Teil von Mishkins Karriere erscheint erst im sechsten Kapitel, als ob er die Weite des Plans erfolgreicher bewältigen wollte; und das letzte Kapitel bringt die Erfahrungen seiner Kindheit am deutlichsten zum Ausdruck. Das Sonett ist das prägnanteste Beispiel dieses Prozesses, und ich muss nicht näher auf die Präzision eingehen, mit der es ihn veranschaulicht.

Es gibt jedoch einen großen Unterschied zwischen Musik und Literatur, und zwar in der Anzahl ihrer Themen oder Charaktere. „Krieg und Frieden", um ein extremes Beispiel zu nennen, enthält Dutzende von Charakteren, während eine ganze Symphonie normalerweise nicht mehr als zwölf oder vierzehn Themen enthält. Der Hauptgrund dafür liegt darin, dass Themen kein etabliertes Assoziationsgesetz haben und daher nicht etwas anderes darstellen, mit dem wir bereits vertraut sind, wie dies bei Namen von Personen in Büchern der Fall ist. Wir erinnern uns an die Namen von Charakteren wie Joseph Andrews oder Tom Jones oder sogar Dr. Portsoaken, denn obwohl sie vor langer Zeit lebten, haben wir genügend Wortassoziationen, um ihre Namen zu erfassen, und wir können sie verstehen und den abwegigen Kursen folgen von ihren Abenteuern und der Lebensphilosophie, die sie vertreten. (Das Fehlen dieser Assoziation macht es für uns schwierig, uns an die Charaktere in russischen Romanen zu erinnern.) Wenn wir jedoch ein musikalisches Thema hören, müssen wir es als solches im Gedächtnis behalten.

Ich habe oft auf die etwas offensichtliche Tatsache hingewiesen, dass Musik allgemeinen ästhetischen Gesetzen gehorcht, und das Vorstehende soll zeigen, wie diese Gesetze durch die besonderen Eigenschaften des Klangs verändert werden. Eine Symphonie in diesem Sinne ist also eine zusammenhängende Anordnung von Themen. Dies bringt mich zu der wichtigen Frage der Loslösung bzw. der Vereinigung der einzelnen Sätze einer Symphonie. Ist eine Symphonie eins oder vier? Sollten wir es als Ganzes hören oder der Einfachheit halber als einzelne kontrastierende Stücke aneinanderreihen? Die konventionelle Antwort auf diese Fragen – die Antwort, die in den Lehrbüchern gegeben wird – lautet, dass einige Symphonien Themen von einem Satz in einen anderen übertragen, dass eine Symphonie jedoch im Allgemeinen eine Sammlung von vier separaten Stücken ist, die sich in Geschwindigkeit, Stimmung usw. unterscheiden Nun möchte ich diese Theorie so energisch wie möglich bekämpfen, und ich möchte mich ausschließlich auf allgemeine ästhetische Gesetze stützen und sagen, dass kein großes Kunstwerk auf irgendeine Weise auf einem so heterogenen Plan basieren könnte. Oder ich könnte meine Meinung auf die Psychologie stützen und sagen, dass es vier verschiedene Bewegungen gibt, die sich im Allgemeinen und in ihren besonderen Merkmalen unterscheiden: Eine enthält Themen, die sich im Laufe ihres Fortschreitens entwickeln und den Effekt eines Kampfes um ein Ziel hervorrufen, eine andere ist für Staaten geeignet des Gefühls, ein anderes für prägnantes und lebendiges Handeln und so weiter – und da der Geist eines großen Mannes ein Mikrokosmos der Welt ist und alles enthält, folgt daraus ganz selbstverständlich, dass er versucht, seine Symphonie darin zu verschmelzen eins, indem er seine verschiedenen Teile mit den verschiedenen Elementen seiner selbst füllt, ein Prozess, der schon andauert, seit es überhaupt Musik gibt. Der Komponist besteht nicht aus vier Männern, noch ist sein Geist in Abteilungen unterteilt. Eine Symphonie wird sich von einer anderen unterscheiden, weil sie eine andere Entwicklungsstufe darstellt, aber jede einzelne Symphonie wird – sofern sie nicht willkürlich auseinandergerissen wird – die verschiedenen Phasen der Natur ihres Komponisten zum jeweiligen Zeitpunkt zum Ausdruck bringen und über einen entsprechenden inneren Organismus verfügen. Dies ist ein ausreichender Beweis für die Richtigkeit dieser Ansicht in den großen Sinfonien selbst. Ich kann hier nicht näher darauf eingehen, aber jeder Leser, der Zugang zu den Symphonien von Mozart, Beethoven, Brahms oder der von César Franck hat, kann dies selbst untersuchen. Lassen Sie mich lediglich einige Beispiele nennen, die ich aus berühmten und bekannten Sinfonien auswähle. Im letzten Satz von Mozarts C-Dur (gemeinhin „Jupiter" genannt) gibt es in Takt neun und zehn eine schnelle Figur in den Bässen, die vom Anfang des ersten Satzes abgeleitet ist. Das Thema des letzten Satzes stammt aus der Passage in Takt drei und vier des ersten Satzes und ist eine andere Version davon. In Beethovens „Eroica" ist das erste Thema des letzten Satzes direkt aus dem ersten Thema des ersten Satzes abgeleitet. Das Thema des C-Dur-Abschnitts der „Marche Funèbre" ist das Thema des ersten Abschnitts der Apotheose und ist jeweils dem ersten Thema des ersten Satzes verpflichtet. Die Beispiele dieses Prinzips ließen sich nahezu unbegrenzt vervielfältigen, und es ist nicht übertrieben zu sagen, dass es in jeder großen Musik diesen inneren Zusammenhang gibt. Mit anderen Worten: Form in der Musik ist nicht nur eine Art Rahmen oder, wenn Sie so wollen, ein Gesetz oder ein Präzedenzfall, sondern der Ausdruck einer inneren Kraft.

Themen ohne organischen Zusammenhang werden natürlich in symphonischen Sätzen eingeführt, um das aus ihrem Antagonismus resultierende Spiel der Handlung gegeneinander zu ermöglichen. Der Roman beruht weitgehend auf demselben Element. Ohne Blifil hätte es kaum einen Tom Jones gegeben. Sandra Belloni muss Mr. Pericles als Gegenstück zu ihrem feineren Charakter haben, der sich über die Primadonna erhebt, und sie braucht Wilfred und Merthyr, um Carlo zu erreichen. Kurz gesagt, der symphonische Satz ist dem Roman nicht unähnlich, der auf der Gegenüberstellung kontrastierender oder antagonistischer Charaktere oder Elemente, dem Kampf zwischen den beiden und schließlich ihrer Versöhnung basiert; und es ließen sich genügend Analogien zwischen diesem und dem Leben selbst ziehen, um das Prinzip als ein Kardinalprinzip zu veranschaulichen. Aber ich glaube, die Symphonie ist noch im Fluss. Ich sehe keinen Grund, warum sie sich nicht von innen heraus weiterentwickeln und schließlich eine noch größere innere Kohärenz erreichen sollte, als sie bereits erreicht hat. Dies wird mit ziemlicher Sicherheit nicht durch eine Erweiterung der äußeren Form oder eine Vergrößerung der Mittel erreicht werden – wie dies bei vielen modernen Symphonien der Fall ist. [12] Kurz gesagt, der Komponist ist ein Künstler wie jeder andere; er beschäftigt sich wie andere Künstler mit menschlichen Gefühlen und Sehnsüchten; er unterliegt denselben Gesetzen; auch er zeichnet ein wahrheitsgetreues Bild des menschlichen Lebens in wahrer Perspektive, mit allen sorgfältig ausgearbeiteten Anpassungen von Szene, Personen und Motiven – obwohl er sich nur mit Klang befasst. Es ist fast unglaublich, dass jemand etwas anderes annehmen sollte; die wirkliche Schwierigkeit besteht darin, den gewöhnlichen Menschen zu irgendeiner Annahme zu bewegen! Deshalb behaupte ich, dass die Symphonie ein Spiegel des Lebens ist und dass alle großen Symphonien zusammengenommen wie ein Buch des Lebens sind, in dem alles getreulich in den gebotenen Proportionen und Ausgewogenheiten dargelegt ist.

Ich habe gesagt, dass die Symphonie alles enthält und Raum für Unordnung bietet. Dies ist sein ultimativer Zweck. Darin liegt das Geheimnis seiner Kraft. Das Leben selbst ist eine unerklärliche Sache. Die große Symphonie verdichtet sie zu einer Stunde der Vollkommenheit, in der alle ihre Elemente erklärbar sind. Hier wird der Traum des Menschen, den er mit Namen wie „Himmel" oder „Glück" bezeichnet und den er immer vergeblich gesucht hat, nicht nur zur Realität, sondern zur einzig möglichen Realität. Denn nichts wäre schrecklicher als endloses Glück oder ein lokalisierter Himmel.

II. STUFEN SEINER ENTWICKLUNG

Die Geschichte der Symphonie ist die Geschichte aller Kunst. Sie bewegt sich in Zyklen; sie markiert eine Parabel. Sie begann als naiver Ausdruck von Gefühlen; sie lernte nach und nach, ihr eigenes Arbeitsmaterial zu beherrschen, und während sie dies beherrschte, wurde sie in ihren Bemühungen immer bewusster; sobald neue Instrumente zu ihrer Herstellung perfektioniert waren, erweiterte sie sofort ihren Stil, um den neuen Möglichkeiten zu entsprechen; soweit es ihre Technik erlaubte, versuchte sie ständig, immer mehr Elemente des menschlichen Lebens und der menschlichen Bestrebungen zu erfassen und auszudrücken. Bei Haydn sehen wir sie als naive, volkstümliche, melodische Musik, nicht sehr phantasievoll, bodenständig – wie bei Burns, aber ohne sein tiefes menschliches Gefühl. Bei Mozart erreicht sie ein Stadium klassischer Vollkommenheit, das mit Raffaels Gemälden verglichen werden kann. Kaum ein Hauch von Pittoresk, Romantisch oder Realistisch trübt ihre heitere Schönheit; sie lächelt allen gleichermaßen zu; sie ist nicht für Sie oder für mich – wie Schumann –, sondern für alle. Und da es rein objektiv ist, ist es zeitlos und dauert ewig. Und wie reizvoll sind Mozarts Abschweifungen. Er ist wie Fielding, der, wenn er über seine Geschichte philosophieren will, ein ganzes Kapitel schreibt, währenddessen die Handlung auf das Vergnügen des Philosophen wartet. Spätere Schriftsteller lassen die Diskussion nie für einen Moment fallen; wenn es eine Pause in der Handlung gibt, wird sie irgendwie in vollem Zusammenhang mit dem Thema gehalten. Mozart belebt Sie oft nebenbei mit einer Geschichte, aber es gelingt ihm immer, die Kontinuität seines Materials zu wahren. Der Unterschied zwischen seiner Methode und der von Brahms beispielsweise ist wie der zwischen Fieldings philosophischen Zwischenkapiteln in „Tom Jones" und Merediths „Unser Philosoph", der aus unpersönlicher Höhe auf die Charaktere der Geschichte herabblickt und seinen olympischen Kommentar einwirft.

Durch Beethoven kam eine neue und gewaltige Kraft in die Musik, neu in der Musik, alt wie die Menschheit – nämlich der Geist der Revolte. Die Welt ist immer dieselbe. Das menschliche Leben bleibt im historischen Rückblick in seinen Grundzügen das, was es war. Eine Kunst nimmt, was sie beherrschen kann – und nicht mehr. Die Musik war fertig; Die Welt befand sich in diesem Moment in Aufruhr, und das Ergebnis war das, was wir „Beethoven" nennen. Mozart war sein Morgengrauen, Schumann und die anderen Romantiker sein geheimnisvoller und schöner Abend. Er selbst verkörpert zugleich den Geist der Revolution, jene unvermeidliche Neugier, die eine solche Periode immer erregt, und jene spekulative Philosophie, die versucht, die Bedeutung neuer Dinge zu ergründen. Die Welt war voller Flammen; Die Schlacht tobte nur wenige Meilen von Wien entfernt. Der Geist der Gleichheit und Brüderlichkeit lag in der Luft. Beethovens durchdringende Vision umfasste all dies. Er ließ den Triumph der menschlichen Seele erklingen – wie im großen Thema am Ende der Neunten Symphonie; er nahm die einfachste aller gängigen Melodien und machte sie herrlich – wie am Ende der „Waldstein"-Sonate; seine Fantasie reichte nach Belieben über Männer, die im Todeskampf kämpften, über die Götter, die sardonisch auf das Spektakel herabblickten. Er war der große Protagonist der Demokratie, aber er war auch ein großer konstruktiver Geist. Er hat nie etwas in der Musik zerstört, für das er nicht einen besseren Ersatz hatte, und es gibt kaum eine Note in seinen reifen Kompositionen, die nicht in der Natur festgelegt wäre.

Nachdem sich diese große Kraft erschöpft hat, wendet sich die Kunst ab und beginnt in eine andere Richtung – wie es sein muss. Die lyrische Symphonie von Schubert erscheint. Es war das vollkommenste Lied, das jemals vom Orchester zum Ausdruck gebracht wurde. Mit geringer intellektueller Kraft und nur spärlicher Bildung jeglicher Art schafft Schubert durch die Tiefe seines Instinkts eine so reine Schönheit, dass Intellektualismus fast pedantisch erscheint. Er reiht eine Melodie nach der anderen in „überschwänglicher, unmeditierter Kunst" aneinander. Er war ein Pendant zu Beethoven, und oft genug spüren wir beim Hören von Schuberts Musik das Echo seines großen Zeitgenossen. Dann kommt die sogenannte „Romantische Schule" Schumanns mit ihren zarten, persönlichen Qualitäten, ihrem Glamour, ihren rosafarbenen Farbtönen. Wie alle anderen romantischen Äußerungen hatte es eine gewisse Fremdartigkeit, eine gewisse Distanz zur Realität und eine gewisse Eigensinnigkeit, die ihm eine ganz eigene bittersüße Note verliehen. Wie alle anderen romantischen Äußerungen war auch sie ungeduldig und weigerte sich, auf das allzu langsame Drehen der Uhrzeiger zu warten; Es ist die Musik der Jugend und der Hoffnung. Sein Einfluss auf die Entwicklung der Symphonie war gering. Es fühlte sich in den großen Räumen der symphonischen Form unwohl, denn seine Farbtöne wechselten zu sehr, seine Stimmungen wechselten zu sehr, um den Bedürfnissen der Symphonie gerecht zu werden. Zwischen Schubert und Brahms tritt kein wirklich großer symphonischer Komponist auf, aber in dieser Zeit wurde das reiche Idiom der romantischen Schule als Teil der Musiksprache assimiliert.

Brahms verwendete etwas von diesem romantischen Idiom, verfügte aber über ein weitreichendes Gespür für die Konstruktion und stützte sich fest auf dieses eine stabile Stilelement, den Kontrapunkt, und schuf vier Symphonien, die es wert sind, neben den Besten zu stehen. Sie sind im Stil zurückhaltend, denn Brahms hat etwas von der Unpersönlichkeit, die in der Musik genauso nötig ist wie in anderen Kunstformen (und nebenbei kann man sagen, dass der größte aller Komponisten, Bach, der unpersönlichste ist). Die Flexibilität der Musiksprache nahm im 19. Jahrhundert mit Hilfe von Wagner und den Romantikern rasch zu, und bei Brahms wird die Symphonie weniger didaktisch und eher introspektiv. Vielleicht kann ich einen Vergleich zwischen Musik wie seiner und der späteren Phase des englischen Romans anstellen, in der der Autor möchte, dass die Handlung ausschließlich als Ergebnis der Psychologie der Charaktere erscheint, und in der auch Worte dazu gebracht werden, neue Antworten zu geben Anforderungen erfüllen und neuen Zwecken dienen. Brahms hätte nicht sagen können, was er gesagt hat, wenn er sich auf den Stil Mozarts beschränkt hätte; Auch Meredith hätte es nicht geschafft, wenn er sich auf den Stil Thackerays beschränkt hätte. Aufgrund der Komplexität seines Stils sind die Sinfonien von Brahms für den Gelegenheitshörer nicht leicht zu verstehen. Lassen Sie einen überzeugten Liebhaber von Longfellow oder sogar von Tennyson zum ersten Mal „Love in the Valley" aufgreifen, und er wird die gleiche Erfahrung machen. Jedes Wort wird ihm seine übliche Bedeutung vermitteln, aber die exquisite Schönheit des Gedichts wird ihm entgehen. Er wird zu „My Lost Youth" oder zu „Blow, Bugles, Blow" zurückkehren, um seine blauen Flecken zu heilen. Jeder meiner Leser, der Zugang zu Brahms' Erster Symphonie hat, sollte sich die Passage ansehen, die zwanzig Takte vor dem *Poco Sostenuto* gegen Ende des ersten Satzes beginnt, wenn er etwas über Brahms' Fähigkeit verstehen möchte, sein Material neu zu erschaffen. Hier ist eine Melodie von großer Schönheit, die aus der Eröffnungsphrase der Symphonie abgeleitet ist und deren Bass vom ersten Thema des ersten Satzes abgeleitet ist. Wie es ursprünglich aussah, war es voller Stress, als sehnte man sich nach einer unmöglichen Erfüllung. Hier ist seine Bestimmung endlich erreicht und das Gesetz seiner Erfüllung erfüllt. Musik schreitet von einem Zeitpunkt zum anderen voran.

Zeitgenössisch mit Brahms steht Tschaikowski und zeigt, wie vielfältig die Quellen des musikalischen Ausdrucks sind. Keine zwei großen Männer könnten unterschiedlicher sein als diese – der eine ist vielseitig, ruhig, nachdenklich und unpersönlich, er hält seine Äußerungen zurück, um sie zu untertreiben und glaubwürdig zu sein; der andere schüttet den allerletzten bitteren Tropfen seines Unglücks und seiner Unzufriedenheit aus, ohne sich um eine Welt zu kümmern, die Übertreibungen misstraut und nur eine begrenzte Reaktionsfähigkeit auf eine kolossale Leidenschaft hat. An Tschaikowskis Aufrichtigkeit besteht kein Zweifel. Er glaubte daran; das Leben war für ihn das, was wir in seinen Symphonien hören. Aber so ist das Leben nicht. Wenn es so wäre, wären wir alle schon längst an unseren eigenen unkontrollierbaren inneren Feuern zerstört worden. Abgesehen von allen technischen Überlegungen – und er trug nichts Wichtiges zur Entwicklung der Symphonie bei – stellt Tschaikowski also eher eine Lebensphase dar als das Leben selbst. Dvořáks Sinfonie „Aus der Neuen Welt" fügt der symphonischen Entwicklung ein neues und interessantes Element hinzu. Dvořák war wie Haydn und Burns ein Sohn des Volkes, und die Themen, die er in dieser Sinfonie verwendet, sind im Wesentlichen Volksmelodien. Doch während Haydn seine einfache Geschichte einfach erzählt und sich ihrer möglichen Verbindung mit dem Leben im Allgemeinen überhaupt nicht bewusst ist, erkennt Dvořák all seine Themen in ihrer tieferen Bedeutung. Die Sinfonie „Aus der Neuen Welt" ist eine nacherzählte Saga.

Eine neue Phase in der Entwicklung der Symphonie beginnt bei César Franck, dessen musikalische Abstammung über die gesamte Bandbreite der symphonischen Entwicklung und darüber hinaus reicht. Sein Geist ist mittelalterlich. In seiner einen Symphonie spielt der Rhythmus eine untergeordnete Rolle, und man hat das Gefühl, dass sich die Musik von der lebhaften Bewegung des Lebens ganz zurückgezogen hat und in einem eigenen Bereich lebt. Franck war einer dieser seltenen Geister, die von der Welt unberührt blieben. Seine Symphonie ist ein spirituelles Abenteuer; andere Sinfonien sind voll von den Aktionen und Reaktionen der realen Welt, in der ihre Komponisten lebten. Diese Aktion und Reaktion hängt für ihren musikalischen Ausdruck immer vom Spiel und Zusammenspiel rhythmischer Figuren ab. Francks Symphonie brütet über der Welt des Geistes; Seine am wenigsten erfolgreichen Themen sind diejenigen, die auf Aktion basieren.

III. KAMMERMUSIK ALS EINFÜHRUNG IN DIE SINFONIEN

Mein Ziel beim Schreiben all dessen über die Form und den Inhalt der Symphonie und beim Ziehen von Vergleichen zwischen ihr und dem Roman oder der Poesie war nicht, meine Leser dazu zu bringen, Musik durch die anderen Künste zu verstehen, denn für *sich genommen* sind solche Vergleiche von geringer Bedeutung Wert. Ich habe mich mit diesen gemeinsamen Merkmalen der Künste beschäftigt, weil sie existieren, weil sie sich gegenseitig beleuchten und weil sie gleichzeitig zu wenig berücksichtigt werden. Der einzige Weg, Musik zu verstehen, besteht darin, sie zu üben oder, falls das nicht gelingt, sie unter solchen Bedingungen zu hören, die eine gewisse Gelegenheit zum Nachdenken bieten. Wir sind nicht in der Lage, symphonische Musik zu verstehen, vor allem weil wir darin so wenig Übung haben. Ein gelegentliches Sinfoniekonzert reicht nicht aus. Wie soll diese Schwierigkeit überwunden werden? Es gibt einen natürlichen Ausweg, und dieser besteht in der sogenannten „Kammermusik". Ein Kammermusikstück ist eine Art häusliche Symphonie. Ein Streichquartett, eine Klavier- oder Violinsonate, ein Trio, Quartett, Quintett usw. – das sind alles kleine Sinfonien; Die Form ist nahezu identisch, es werden dieselben Mittel des Rhythmus, der Melodie, der Harmonie, des Kontrapunkts usw. verwendet. In der Kammermusik kann der Mangel an Ideen nicht durch Luxus an Klangfarben überdeckt werden; alles ist offengelegt; so dass nur die größten Komponisten großartige Musik in dieser Form geschrieben haben. Wenn es nun in jeder Gemeinde Gruppen von Menschen gäbe, die gemeinsam Kammermusik spielen, und wenn diese ihren Freunden erlauben würden, beim Üben dabei zu sein, würde die Symphonie bald viele Zuhörer finden. Solche Proben würden die Möglichkeit bieten, schwierige Passagen immer wieder zu hören; Es gäbe Zeit zur Diskussion und vor allem zum Nachdenken. Jede Stadt und jedes Dorf sollte eine örtliche Kammermusikorganisation haben, die gelegentlich informelle Konzerte gibt. Unter diesen Umständen würde bald eine sympathische Intimität zwischen den Interpreten und Zuhörern und der Musik selbst entstehen. Der unvermeidliche und wahllose Klavierunterricht ist ein Hindernis für dieses so sehr gewünschte Arrangement. Einige unserer Kinder sollten Geige oder Violoncello dem Pianoforte vorziehen. Dann könnte der Familienkreis Sonaten für Violine und Klavier von Bach, Mozart, Beethoven oder Brahms hören und würde erreichen, was der jahrelange Besuch von Sinfoniekonzerten nicht bewirken konnte. Kammermusik hat den großen Vorteil, dass sie im Detail einfach ist; Man kann den vier Melodiesträngen eines Streichquartetts problemlos folgen, während das Orchester einen atemlos und verwirrt zurücklässt. Das Üben von Kammermusik durch Amateure wäre eines der besten Mittel, um echten Musikgeschmack zu entwickeln. Ich kann nicht genug darauf eingehen, dass die Mehrheit der Menschen, die sich nicht für solche Musik interessieren, bald lernen würden, sich für sie zu interessieren, wenn sie Gelegenheit hätten, sie unter den von mir beschriebenen Bedingungen zu hören. Das Argument beweist sich, auch wenn es nicht genügend Beweise von Personen gibt, die diese Erfahrung gemacht haben. Darüber hinaus sollten wir durch eine solche Kultivierung der Musik nach und nach einige der gesellschaftlichen Bedingungen abbauen, die sich derzeit gegen die Kunst auswirken. Wenn wir alle mehr darüber wüssten und es an sich lieben würden, sollten wir unsere derzeitige Begeisterung für die Technik aufgeben. Wir sollten den Künstler dahin bringen, wo er hingehört, als Interpret der Ideen eines größeren Mannes. Durch unsere unkritischen Bewunderungen stellen wir ihn auf ein viel zu hohes Podest.

IV. DER KÜNSTLER UND DAS PUBLIKUM

Ich habe von gewissen sozialen Bedingungen gesprochen, die sich ungünstig auf die Musik auswirken. Es gab schon immer einen gewissen Aufschrei gegen die Musik wegen ihrer angeblichen Emotionalität. Das Auge kalter Intelligenz, das den von einer Symphonie gefesselten Musikliebhaber sieht, hebt seine Lider in eisiger Verachtung für ein solches Gefühlsgeschöpf. Der Soziologe, der Musiker beobachtet, fragt sich, warum Musik das Aussehen und das Verhalten einiger von ihnen so ungünstig zu beeinflussen scheint. Der Pädagoge, der seine korrekte Erziehungsformel hat, die wie eine Rechenmaschine funktioniert und automatisch eine bestimmte Anzahl mechanisch erzogener Kinder hervorbringt, von denen jedes ein Diplom in nervöser Hand hält – er toleriert Musik, weil sie eine angenehme Unterbrechung bei der Diplomverleihung zur Zeit der Abschlussfeier darstellt und weil sie den Eltern gefällt. Der Geschäftsmann überlässt die Musik seiner Frau und seinen Töchtern und ist bereit, ein Symphonieorchester zu abonnieren, sofern er nicht hingehen muss, um es spielen zu hören. Wenn sich der Soziologe nun in die Lage des Sängers versetzen würde, der, von Natur aus mit einer schönen Stimme gesegnet, dank eines musikalisch nur mittelmäßig erzogenen Publikums Beifall und eine angemessene Geldquelle erhält, obwohl er niemals eine Ausbildung jeglicher Art genossen hat – wenn der Soziologe nur ein wenig *über Soziologie nachdenken würde* , würde er vielleicht schließlich verstehen, dass höchstwahrscheinlich er selbst im Unrecht ist. Denn sehr wahrscheinlich weiß er fast nichts über diese Kunst, die eine der stärksten Kräfte darstellt, die ihm zur Verfügung stehen. Er ist vielleicht einer der vielen Menschen, die die musikalischen Verhältnisse zu dem machen, was sie sind. Die öffentlichen Künstler sind die Opfer, nicht die Verbrecher. Wir müssen uns daran erinnern, wie verheerend die Isolation jeder Klasse von ihren Mitmenschen in der Vergangenheit war.

Ich habe in diesem und in den vorhergehenden Kapiteln auf gewisse Einheiten der symphonischen Musik hingewiesen – in ihren verschiedenen Elementen Rhythmus, Melodie und Harmonie und im Ganzen. Ich habe gesagt, dass jedes Objekt in sich vereint ist und dass es Teil eines größeren Ganzen ist. In diesem Sinne ist eine Symphonie ein lebendiges Ding; jedes ihrer Mitglieder hat seine eigene Funktion und trägt einen notwendigen Teil zum Ganzen bei. Aber ist dies nicht ebenso wahr, wenn wir das Argument auf das Leben selbst übertragen und sagen: Hier ist eine vom Menschen geschaffene Schönheit; sie ist ein Teil von ihm – einer seiner Sternglanze; kann er vollständig sein, wenn er sie ganz verliert? Kann sein Geist auf Freiheit hoffen, wenn er sich nur auf seinen Verstand verlässt? Ist die Befriedigung durch intellektuelle oder materielle Errungenschaften genug? Würde er in der Musik nicht ein Reich finden, in dem er reinere Luft atmen und glücklicher sein könnte, weil er all die unbeantwortbaren Fragen hinter sich lassen würde, die seiner Intelligenz für immer ein Ende bereiten? Moralischer Idealismus genügt dem Geist von Männern und Frauen nicht, denn da die Menschheit nun einmal ist, was sie ist, muss sich Moral zwangsläufig zu Dogmen kristallisieren. Die Puritaner waren auf ihre Weise moralisch, aber sie waren ebenso weit von dem entfernt, wie das Leben des Menschen sein sollte – unter den Sternen und mit blühenden Blumen zu seinen Füßen – wie die heiteren Höflinge, die sie verachteten. Intellektueller Idealismus genügt nicht, weil ihm die Sympathie fehlt. Wir alle brauchen etwas, das völlig losgelöst vom Leben ist und ihm gleichzeitig vollkommen treu bleibt. Unser Geist braucht eine gewisse Freude, die ihm Gegenstände, Ideen oder Besitztümer nicht geben können. Wir brauchen eine Welt jenseits der uns bekannten – eine Welt nicht aus Jaspis und Diamanten, sondern aus Träumen und Visionen. Sie muss eine Illusion für unsere Sinne, eine Realität für unseren Geist sein. Sie muss die Wahrheit in Begriffen sagen, die wir nicht verstehen können, denn es ist uns nicht gegeben, sie auf andere Weise zu erkennen.

FUSSNOTE:

[12] Der Grund hierfür ist einer, auf den ich im Kapitel über „Die Oper" hingewiesen habe, nämlich, dass ein Kunstwerk die Fähigkeiten der Menschen, für die es bestimmt ist, nicht überfordern darf.

KAPITEL VIII
SCHLUSSFOLGERUNG

Einer der unglücklichsten Umstände unseres Musiklebens ist die geringe Rolle, die Männer darin spielen. Das ist nicht ganz ihre Schuld. Ihr Geschäft ist fesselnd und Konzertbesuche werden ihnen erschwert. Für den Geschäftsmann sollte es zwischen dem Verlassen seines Büros und dem Zeitpunkt seines Abendessens Musik geben, und sie sollte so arrangiert sein, dass sie ihm möglichst wenig Ärger bereitet und ihm ein Höchstmaß an Vergnügen bereitet. Das bedeutet, dass eine halbe Stunde oder vierzig Minuten gute Musik verfügbar sind, beispielsweise um fünf Uhr und nicht zu weit entfernt. Das bedeutet auch, dass ihm eine Wiederholung jeder langen oder komplizierten Komposition zur Verfügung gestellt wird, damit er die Möglichkeit hat, sie zu verstehen. Der durchschnittliche Zuhörer hört etwa alle zwei oder drei Jahre einmal eine Symphonie von Brahms, und es besteht kaum eine Chance, dass er sie für verständlich hält. Zweifellos wird dies im Laufe der Zeit geschehen. Zweifellos werden auch die Arbeiter in Geschäften und Büros nach und nach in der Lage sein, zur Mittagszeit ein wenig wirklich gute Musik zu hören. [13] Der Zustrom von Männern in Konzertsäle wäre sowohl für die Sache der Musik als auch für die Männer selbst von großem Nutzen. Wir sollten uns nach einiger Zeit von der seltsamen angelsächsischen Vorstellung verabschieden, dass Kunst verweiblicht sei, und beginnen, sie als das zu schätzen, was sie wirklich ist. Immer wenn ich an diese falsche Vorstellung denke, taucht die Gestalt von Michael Angelo vor mir auf. Es gab einen so heldenhaften Mann, wie ihn selbst die Welt des Krieges jemals hervorgebracht hat; fähig zur herkulischen Aufgabe der Sixtinischen Fresken, deren tatsächliche körperliche Anstrengung einen gewöhnlichen Menschen töten würde (und Michael Angelo war damals über sechzig Jahre alt), des heldenhaften Moses und wiederum der zärtlichsten und schönsten von ihnen alle Skulpturen, die Pietà; eine strenge und edle Natur, die in der Lage ist, für seine Prinzipien zu kämpfen, egal wie groß das Risiko ist. Oder ich denke an Beethoven, krank, einsam, taub und arm, aber dennoch männliche Musik schaffend, wie wir sie kennen. Oder von Bach, robust wie eine Eiche, ohne Anerkennung von der Welt, der eine große Familie mit fast nichts im Jahr großzieht, gesund, tiefgründig und wahrhaftig – der in allem ebenbürtig ist, um einen Mann zu einem „Industriekapitän" zu machen „Jeder Soldat oder Staatsmann." Das sind diejenigen, mit denen ich Männer zusammenbringen sollte. Ich möchte, dass Männer den Klängen dieser Komponisten lauschen, die Werke dieses kolossalen Genies aus Italien betrachten und sich fragen: Ist Kunst verweichlicht oder bin ich blind und taub?

Aber von Männern, die vergleichsweise wenig Muße haben, kann man nicht erwarten, dass sie sie für sentimentale Musik oder bloße Virtuosität verschwenden. Ein Geiger, der süße kleine Stücke spielt oder der Sie durch sein technisches Können in Erstaunen versetzt, sollte keine Reaktion von Menschen erwarten, die Tag für Tag und Stunde für Stunde mit den harten Fakten des Lebens konfrontiert sind. Menschen, die mit genauen Gesetzen zu tun haben oder den Zwängen von Handel und Tauschhandel unterliegen, sind gezwungen, zwischen Wahrem und Falschem, zwischen Realität und Unwirklichkeit zu unterscheiden, denn ihre Existenz hängt davon ab . Ich meine damit nicht, dass diese gemeinsamen Erfahrungen von Männern dazu geeignet sind, großartige Musik zu verstehen, aber ich denke, dass Männer dadurch ein gewisses Gefühl für Werte und eine gewisse Unterscheidung zwischen dem, was real und dem, was falsch ist, besitzen, und dass ein großes Stück real ist Musik wird darin eine Antwort finden. Ich glaube, dass die Oper viel mit der Einstellung des Durchschnittsmenschen zur Musik zu tun hat. Nach einem Geschäftstag drei bis vier Stunden in einem überhitzten und schlecht belüfteten Opernhaus zu verbringen und der hektischen Emotionalität zu lauschen, die in der Oper üblich ist, reicht aus, um den durchschnittlichen Geschäftsmann vor jeglicher Musik zu ekeln. Wie geduldig er ist! Aber Beethoven, der liebte und hasste, litt und triumphierte, können wir alle verstehen. Wenn wir zum Beispiel die Eröffnung seines Violinkonzerts hören, müssen wir alle sagen: Hier ist ein Mann. Und wenn wir die Gesamtheit dieser großartigen Komposition erfasst haben, werden wir lernen zu sagen: Hier ist die Realität *endlich wahr geworden* . Dann haben wir eine der großen Lektionen gelernt, die die Kunst lehrt – nämlich, dass es nichts auf der Welt gibt, das so heroisch, so edel oder so tiefgründig ist, als dass seine Qualitäten durch die Vorstellungskraft und das Können des großen Künstlers *gesteigert werden könnten* . Denn wie tief ein menschliches Gefühl oder eine edle Tat auch sein mag, es wird noch tiefer und edler, wenn man es im Verhältnis zum gesamten Leben und über einen längeren Zeitraum betrachtet. Der Künstler verleiht ihm eine wahre Perspektive und ermöglicht es uns, es wirklich zu sehen. Dante, der Dichter, ist größer als Dante, der Liebhaber.

Aber mein Plädoyer, Musik für Männer leicht zugänglich zu machen, beruht hauptsächlich auf der Tatsache, dass sie sie brauchen. Es ist so leicht für Menschen – Männer oder Frauen –, völlig in den Einzelheiten des Lebens unterzugehen; und der Kreislauf der täglichen Handlungen und täglichen Verbindungen verschlingt im Laufe der Zeit viele Menschen völlig, so dass sie nur noch flüchtige Blicke auf etwas dahinter erhaschen – flüchtige Blicke auf ein gelobtes Land, das sie nie betreten. Ich kann mir fast jedes Geschäft als an sich interessant vorstellen; das „Spiel" des Lebens hat seine eigenen Belohnungen; und es gibt kein Gewerbe, keinen Beruf, kein Geschäft, das nicht der Fantasie etwas Spielraum bietet. Aber jedes Gewicht braucht ein

Gegengewicht, und jeder Mensch, dessen tägliche Beschäftigung voller praktischer Einzelheiten ist, muss sich selbst durch eine *gleichwertige Kraft* in die entgegengesetzte Richtung retten. Das Gesetz ist so alt wie das Leben selbst. Die beste Vorbereitung auf eine Ausbildung zum Ingenieur ist ein Kurs in den klassischen Sprachen, und der Mann, der alle Dinge in der Mühle des Geschäfts mahlt, landet schließlich selbst im Trichter.

Aber die Liebe zur Schönheit ist eine geheime und unantastbare Sache. Wir neigen heute dazu, unser Heil – welcher Art auch immer – in der Menge zu suchen. Wir gründen Literatur- und Musikclubs, Theaterligen und Kunstzirkel, um das zu erreichen, was jeder alleine tun sollte. Das ist ein alter menschlicher Irrtum. Der Versuch, durch eine Organisation literarisch, künstlerisch, sozialistisch oder religiös zu sein, bedeutet, die ganze Frage außer Acht zu lassen. Es gibt nur eine Art, literarisch zu sein, und das ist, gute Literatur zu lieben und sie in Ruhe zu lesen; Es gibt nur einen Weg, das Drama zu verstehen, und das ist, selbst die großen Stücke von Aeschylos an zu lesen und so viele gute Stücke wie möglich zu sehen. Ich weiß, dass es unmöglich ist, die Symphonien Beethovens zu hören, außer mit einigen Tausend anderen Menschen; Dennoch bist du allein und musst das Rätsel ganz allein lösen. Nie kann es eine völligere Isolation des Einzelnen geben, als wenn er mit der Menge zusammensitzt und ein Stück schöne Musik beginnt. Noch nie war Ihnen Ihre eigene Individualität so wertvoll wie damals. Diese Klänge dringen direkt in deine Seele ein, trennen automatisch den gesamten göttlichen Teil von dir vom niederen, heben heraus, was üblicherweise unartikuliert und unvollständig ist, und entfachen den erstickten Funken, der niemals ganz erlischt, wieder zum Leben. Wie unmöglich ist es, Bilder mit anderen Menschen anzuschauen. Der Geist und die Vorstellungskraft erfordern die Freiheit, nach Belieben zu wandern, nachzudenken und zu spekulieren. Was vom Bild auf Sie und von Ihnen auf das Bild übergeht, ist eine Art zitterndes Erkennen, zu zart, um es mitzuteilen, zu intim, um es auszusprechen. So ist es auch mit Büchern. Sie brauchen Stille und Zurückgezogenheit, um die Perspektive des Wissens zu spüren, damit Ihr Geist durch alle Möglichkeiten schweifen kann, die ihm offen stehen.

Es wurde oft bemerkt, dass Frauen in Amerika jetzt sowohl die Muße als auch die Unabhängigkeit haben, sich den Künsten zu widmen und ihren Wunsch nach dem zu befriedigen, was man „Kultur" nennt, und dass sie in dieser Hinsicht den Platz eingenommen haben, den häufig Männer einnehmen. Das charakteristischste Element dieser Situation ist jedoch, dass Frauen, um intellektuell oder künstlerisch voranzukommen, einem Club beitreten! Diese Clubs sind für die einzelnen Mitglieder und die Gemeinschaften, in denen sie gedeihen, von großem Nutzen, wenn sie sich

– wie sie es häufig tun – für die Verbesserung der sozialen Bedingungen einsetzen. Jeder, der weiß, was sie in dieser Hinsicht erreicht haben, muss ihnen aufrichtig Tribut zollen. Aber in ihrem Streben nach „Kultur" waren sie weniger erfolgreich, und zwar aus den bereits hier dargelegten Gründen. Sie verfolgen zu viele Themen und vergeuden ihre Energien. Vor allem aber scheinen sie sich des Grundprinzips der Bildung nicht bewusst zu sein, nämlich dass man sich selbst wirklich bildet. Denn Bildung besteht schließlich in der allmählichen Erweiterung der eigenen Wahrnehmung durch den Kontakt mit größeren Geistern, und ihre Prozesse sind geheim und äußerst persönlich. Wenn Sie beispielsweise „Der Idiot" lesen, verbinden Sie Mischkin mit Lohengrin, Parsifal, den Artus-Legenden oder sogar mit Christus. Die außergewöhnliche Schilderung seiner Gedanken, als er einen epileptischen Anfall bekommt, und seine Verwendung der Worte „Und es war keine Zeit mehr" rufen eine ganze faszinierende Reihe psychologischer Spekulationen hervor. Die Figur der Nastasja ruft Ihnen Dutzende anderer Figuren von Kundry bis hin zu Sonja in Erinnerung, und während Sie lesen, blitzt die ganze Kette und der Schuss des Lebens, durch und durch durch mit seinem Grau und Scharlachrot, vor Ihren Augen auf. Nun, diese Kontakte sind nichts, wenn jemand anderes sie herstellt. Der Funke muss in Ihrer eigenen Vorstellungskraft überspringen. Sie selbst müssen den Strom dieses Magnetismus spüren, der von der Erde bis zu den Sternen reicht und alle Dinge verwandt macht. Ein gutes Buch sollte für den Leser eine Provokation sein. Ein Club für „Kultur" ist eine Ansammlung von Menschen, von denen jeder auf stellvertretende Erlösung durch den anderen hofft.

Frauenclubs verschwenden nicht nur Energie in ihrem Streben nach Wissen, sondern sie schwächen auch die intellektuellen Kräfte der einzelnen Frau. Nichts könnte schlimmer für den Geist sein, als den Standpunkt einer anderen Person friedlich und ohne Widerstand zu akzeptieren und ohne die eigenen Gedanken und die eigene Persönlichkeit zu prüfen. Brocken Wissen sind fast nutzlos. Nichts gehört Ihnen, bis Sie es sich zu eigen machen.

Die Beziehung zwischen Musik und Leben ist also eine intime und lebenswichtige Beziehung. Jeder Mensch, ob jung oder alt, der nicht singt und für den Musik keine Bedeutung hat, ist umso ärmer an allem, was das Leben glücklich, freudvoll und bedeutsam macht. Jede Gemeinschaft, die keine Form des musikalischen Ausdrucks verwendet, ist als Gemeinschaft umso unartikulierter und desorganisierter. Jede Kirche, die ihre Musik kauft und nie eigene produziert, verliert umso mehr an spiritueller Kraft.

Wir alle brauchen Musik, weil sie eine fließende, freie und schöne Ausdrucksform für unsere tieferen Impulse ist, denen Worte den Ausdruck verwehren. Unsere Sprache ist zu hoch spezialisiert; wir unterscheiden mit Worten statt mit Betonung und Gesten; wir unterdrücken unsere natürliche

Ausdruckskraft; wir halten Worte für Synonyme für Gedanken, während Gedanken zur Hälfte aus Gefühl, Instinkt und Vorstellungskraft bestehen, und keines davon kann wirklich in exakten Begriffen ausgedrückt werden. Alle große Literatur ist ungenau.

Musik macht uns frei. Sie lässt uns nicht nur für uns selbst ausdrücken, was wir nicht in Worte fassen können, sondern offenbart uns im besten Fall auch eine höhere Ebene des Lebens, die zwar losgelöst ist, aber dennoch Teil unseres innersten Wesens ist. Wenn wir wirklich darauf reagieren, entsteht in uns eine gewisse harmonische Schwingung, die uns aufeinander einstimmt, auf die Mutter Erde, das ewige Meer und auf die größere Welt der Sonnen, Sterne und Planeten, von der sie ein Teil sind.

Nichts stirbt jemals. Was wir Tod nennen, ist nur eine Transformation von einer Lebensform in eine andere. Alle Musik, die jemals war, klingt noch; alle Musik, die sein wird, schlummert noch. Leben und Tod sind eins, und im wahrsten Sinne des Wortes ist das ganze Universum ein Lied.

FUSSNOTE:

[13] Ich meine nicht eine Schallplatte des Tenorsolos aus „L'Elisir d'Amore" oder etwas in dieser Art. Ich meine etwas, das mehr bietet als nur ein beiläufiges Unterhaltungsangebot.